法曹会編

例題解説 個人再生手続

法曹新書

73

はしがき

通常の再生手続の特則として設けられた個人再生手続は、平成一三年四月一日の改正民事再生法の施行によってその運用が開始され、その後一八年が経過した。この間、破産手続を回避したい債務者によって広く利用され、全国の個人再生事件の新受件数は、平成一九年には二万七六七二件に達した。その後は減少傾向が見られたものの、近年は、銀行のカードローンを返済できない債務者が増えているとの指摘もあり、新受件数も四年連続で前年比一〇%以上の増加傾向が続き、平成三〇年は一万三二一一件となっている。

今後も、個人の経済生活の再生を図る手段として個人再生手続が広く活用されるものと考えられるが、民事再生法において、個人再生手続は、通常の再生手続の特則として規定され、体系的に定められていないこともあって、理解に困難を伴うことがある。

本書は、「法曹」誌第八〇七号（平成三〇年一月号）から第八一八号（平成三〇年一二月号）までに「ほうそう講座　個人再生手続」と題して連載された論考について、若干の修正を行ったものであるが、執筆者は、東京地方裁判所破産再生部において個人再生手続を担当している裁判官及び裁判所書記官である。本書の読者として想定しているのは、個人再生手続を初めて担当する法曹やその関係者といった初学者であり、個人再生手続の基本的な事項や実務上よく問題となる項目について、必要に応じ具体的な説例も交えながら平易な言葉で解説するように努めた。

本書が、個人再生手続に携わる実務家や関係者にとって有益な書となれば幸甚である。

令和元年六月

一般財団法人　法　曹　会

目　次

第一二章 再度の個人再生手続について……252

凡　例

（　）内で引用する主要法令名、判例集、法律雑誌、主要文献は、次のように略記する。

1　法令の略記

民　　　→民法
民再　　→民事再生法
民再規　→民事再生規則
民執　　→民事執行法
区分所有法→建物の区分所有等に関する法律
破　　　→破産法
商　　　→商法
会社　　→会社法
労基法　→労働基準法

2　判例集・法律雑誌の表記

〈判例集〉

民集→最高裁判所民事判例集

〈法律雑誌〉

判タ→判例タイムズ

判時→判例時報

金法→金融法務事情

3　文献の表記

伊藤・破産民再四版　伊藤眞『破産法・民事再生法〔第四版〕』（有斐閣、二〇一八）

個再の手引二版　鹿子木康・島岡大雄・舘内比佐志・堀田次郎編『個人再生の手引〔第二版〕』（判例タイムズ社、二〇一七）

一問一答個再　始関正光編著『一問一答個人再生手続　平成一二年民事再生法改正の解説』（商事法務研究会、二〇〇一）

条解民再三版　園尾隆司＝小林秀之編『条解民事再生法〔第三版〕』（弘文堂、二〇一三）

新注釈民再二版(上)(下)　オロ千晴＝伊藤眞監修『新注釈民事再生法〔第二版〕(上)(下)』(金融財政事情研究会、二〇一〇)

破産管財の手引二版　中山孝雄＝金澤秀樹編『破産管財の手引〔第二版〕』(金融財政事情研究会、二〇一五)

破産・民再の実務三版　東京地裁破産再生実務研究会編『破産・民事再生の実務〔第三版〕(民事再生・個人再生編)』(金融財政事情研究会、二〇一四)

第一章　個人再生手続の概要

1　個人再生手続の意義等

法的倒産手続には、財産を換価してこれを債権者に配当する清算型手続と、債務者を再建してその収益等から債権者に対する弁済を図る再建型手続とがあります。民事再生手続は再建型手続であり、同じく再建型手続である会社更生手続と比較すると、①原則として再生手続開始決定後も再生債務者は財産の管理処分権を失わず（民再三八条一項）、再生債務者が再生計画案を作成する（民再一六三条一項）など債務者による自主再建が原則である（DIP型手続）、②制度上手続の迅速性が確保される（民再一五五条三項、民再規八四条一項等）、③自然人及び全ての法人に適用される、④担保権が別除権として扱われ、再生手続外での実行が可能である（民再五三条二項）、⑤再生計画案の可決要件が緩やかである（民再一七二条の三第一項）、⑥監督期間が限定されている（民再一八八条二項）などの特色を持ちます（破産・

民再の実務三版四頁）。

　このような民事再生法ですが、通常の再生手続は、主として中小企業以上の規模を有する事業者の再生のための手続として構想されたものであるため、個人債務者が利用するには手続的な負担が重い面があります（一問一答個再三〇頁）。そこで、民事再生法は、経済的に破綻状態にある個人が経済的生活の再生を図る方法として、小規模個人再生（民再二二一条以下）及び給与所得者等再生（民再二三九条以下）を設けています。個人再生手続とは、小規模個人再生と給与所得者等再生の総称であり、その利用対象者を、継続的な収入の見込みがあり負債額が一定額以下の個人債務者に限定し、通常の再生手続をベースに、個人である債務者が利用しやすいよう手続を更に簡素化・合理化したもので、通常の再生手続の特則と位置付けられています。

　さらに、個人再生手続の中でも、給与所得者等再生は小規模個人再生の特則と位置付けられており、民事再生法の条文構造は非常に複雑になっています。個人再生手続を正しく理解するためには、まず原則である通常の再生手続の条文をみて、それらが適用されるか、それとも特則が設けられているかを確認する必要があり、給与所得者等再生の場合は、更に小規模個人再生との違いも確認する必要があります。

2　個人再生手続の概要

(1)　再生手続開始の申立てから開始決定まで

再生手続開始の申立ての際は、申立書（民再規二条）において、債務者に破産手続開始の原因となる事実の生ずるおそれがあることを記載するとともに（民再二一条）、小規模個人再生あるいは給与所得者等再生を行うことを求める旨の申述をします（民再二二一条一項、二三九条一項、二項）。また、個人再生手続を利用するためには、負債総額が五〇〇〇万円以下であること等（詳細は後記3(2)のとおり）が必要であり（民再二二一条一項、二三九条一項）、この要件を満たしているか否か判断できるよう債権者一覧表の提出が必要です（民再二二一条三項、二四四条）。

裁判所は、再生手続開始の要件を満たしていれば、再生手続を開始する旨の決定をします（民再三三条一項）。申立ての取下げは、再生手続開始の決定前に限り可能です（民再三二条）。

(2)　再生手続開始の決定から付議決定又は意見聴取に付する決定まで

ア　再生債務者の財産の調査

再生債務者は、再生手続開始決定後、財産目録（民再一二四条二項）を作成し、報告書（民再一二五条一項）を提出しなければなりません。この報告書が提出されないと、裁判所は、付議決定又は意見聴取に付する決定をすることができません（民再二三〇条一項前段、二四〇条一項四号）。通常の再生手続と異なり、貸借対照表の提出は不要です（民再二二八条、二四四条）。

イ　再生債権の手続内確定

再生債権者は、届出期間内に債権の届出をすることで再生手続に参加することができます（民再九四条一項）。個人再生手続においては、再生債権者の負担を軽減するため、債権者一覧表に記載された債権は届出がなくても届出があったものとみなされます（みなし届出。民再二二五条、二四四条）。

再生債務者及び届出再生債権者は、一般異議申述期間内に、届出があった再生債権の額又は担保不足見込額について、書面で異議を述べることができます（民再二二六条、二四四条）。届出債権について再生債務者又は届出再生債権者が異議を述べた場合、当該再生債権を有する再生債権者は、裁判所に対し、再生債権の評価の申立てをすることができます（民再二二七条一項本文、二四四条）。評価の申立てがされた場合、裁判所は、個人再生委員を選任し（民再二二三条一項ただし書、二四四条）、その意見を聴取した上で、当該再生債権の存否及び額、又は担保不足見込額を定めます（民再二二七条五項、七項、八項、二四四条）。

(3) 決議又は意見聴取から再生計画認可の決定の確定まで

再生債務者は、再生計画の認可要件や履行可能性を踏まえて再生計画案を作成し、裁判所に提出します（民再一六三条一項）。

小規模個人再生手続の場合、決議に付するに足りる再生計画案が提出されると、裁判所は当該計画案を書面決議に付します（民再二三〇条三項）。再生計画案に同意しない旨を回答した議決権者が、議決権者総数の半数以上となった場合、又はその議決権の額が議決権者の議決権の総額の二分の一を超えた場合は、再生計画案は否決されたものとみなされ、再生手続は廃止となり（民再二三七条一項）、それ以外の場合は可決されたものとみなされます（消極的同意。民再二三〇条六項）。

給与所得者等再生手続の場合、再生計画案の決議は不要ですが、再生債権者の意見聴取がされます（民再二四〇条）。

決議又は意見聴取後、再生計画に不認可事由がないときは、裁判所は、再生計画認可の決定をします（民再二三一条一項、二四一条一項）。

再生計画認可の決定の確定により、再生手続は当然に終結します（民再二三三条、二四四条）。

(4) 再生手続の廃止

裁判所は、再生手続開始の決定後、裁判所の定めた期間内に再生計画案の提出がないなど民事再生法所定の事由がある場合、再生手続廃止の決定をしなければなりません（民再一九一条、二三七条、二四三条）。

(5) 東京地裁破産再生部の運用

東京地裁破産再生部では、個人再生手続について、在京三弁護士会と協議の上、標準スケジュールを作成し、公表しています（次頁参照）。これは、手続の迅速性を確保するとともに、その透明性を担保し、再生債権者らの利害関係人に対し手続の進行に関する予測可能性を与えることを目的としており、申立てから再生計画認可の決定まで、おおむね六か月で終了するスケジュールとなっています（詳細については、個再の手引二版Ｑ５参照）。

3 通常の再生手続との違い

前記1のとおり、個人再生手続は通常の再生手続の特則という位置付けとなっており、個人再生手続では通常の再生手続の条文が一部適用されず（民再二三八条、二四五条）、個人再生手続のための特則が設けられています。その主な違いには以下のようなものがあります（破産・民再の実務三版三六六頁）。

標準スケジュール

東京地方裁判所民事第 20 部

手　　続	申立日からの日数	開始決定日からの日数
申立て	0 日	
個人再生委員選任	0 日	
手続開始に関する個人再生委員の意見書提出	3 週間※	
開始決定	**4 週間※**	0 日
債権届出期限	8 週間	4 週間
再生債務者の債権認否一覧表，報告書（法 124 条 2 項，125 条 1 項）の提出期限	10 週間	6 週間
一般異議申述期間の始期	10 週間	6 週間
一般異議申述期間の終期	13 週間	9 週間
評価申立期限	16 週間	12 週間
再生計画案提出期限 ※上記期限までに裁判所に提出されないときは，再生手続廃止の決定がされる（法 191 条 2 号）。	18 週間	14 週間
書面決議又は意見聴取に関する個人再生委員の意見書提出	20 週間	16 週間
書面による決議に付する旨又は意見を聴く旨の決定	**20 週間**	**16 週間**
回答書提出期限	22 週間	18 週間
認可の可否に関する個人再生委員の意見書提出	24 週間	20 週間
再生計画の認可・不認可決定	**25 週間**	**21 週間**

※　給与差押えのおそれ等がある場合には，個人再生委員の意見を聴いた上，同委員の意見書の提出期限及び開始決定の時期を早めるものとする。

(1)　申立権者

通常の再生手続は、債権者も申し立てることができますが（民再二一条二項）、個人再生手続は、個人である債務者が当該特則手続を行うことを求める旨の申述をした場合にのみ利用できます（民再二二一条一項、二三九条一項）。

(2)　利用対象者

通常の再生手続は、自然人及び法人のいずれも利用可能であり、債務者に継続的な収入があるか否かは問いません。また、負債総額の制限も存在しません。

これに対し、個人再生手続は、継続的な収入の見込みのある個人債務者のみが利用可能であり、住宅資金貸付債権等を除いた再生債権の総額が五〇〇〇万円を超えないことが必要です（民再二二一条一項、二三九条一項）。

個人再生手続は、債務者がその収入の中から、原則として三年間にわたり、三か月に一回以上の割合で債権者への弁済を行うという再生計画を作成し（民再二二九条二項、二四四条）、これを遂行することによって残余債務の免除を受け、その経済生活を再生するという手続です。したがって、その対象者は、類型的にみて、このような再生計画を現実に遂行する見通しが立つ者でなければならないことから、債務者に継続的な収入の見込みがあることを求めたものです（一問一答個再一五三頁）。

また、負債総額による制限を設けたのは、負債額が大きい場合は、再生計画認可による債権の免除額が高額となり、再生債権者に与える不利益が大きいため、個人再生手続という簡素化した手続の利用を認めるのが相当でないという理由によるものです（一問一答個再一五五頁）。この趣旨から、再生債務者の弁済原資を他の再生債権者と分け合う関係にない、①住宅資金貸付債権（民再一九六条三号）、②別除権行使により弁済を受けると見込まれる再生債権の額及び③再生手続開始前の罰金等（民再九七条一号）の額は、前記五〇〇〇万円の算定から除外されます（民再二二一条一項、二三九条一項）。

(3) 再生手続の機関

通常の再生手続においては、裁判所は、債務者に対する監督機関として監督委員を（民再五四条以下）、債務者の業務及び財産の管理状況等の調査機関として調査委員を（民再六二条以下）、それぞれ選任することができます。

これに対し、個人再生手続においては、前記各規定はいずれも適用されず（民再二三八条、二四五条）、裁判所を補助する機関として個人再生委員が設けられています（民再二二三条一項、二四四条。詳細は後記5のとおり）。

(4) 債権調査等

ア　債権の確定

通常の再生手続では、再生債権は実体的に確定することとされています（民再一〇五条、一〇六条、一一一条等）。

これに対し、個人再生手続では、争いのある再生債権について、個人再生委員の調査に基づく裁判所の評価（民再二二七条七項、八項）という簡易な調査手続としています。そのため、債権の確定は手続内確定に限られ、実体的な確定は行われません（民再二三八条、二四五条）。したがって、個人再生手続では、無届債権も失権せず、債権調査の結果に執行力が付与されることもありません。

イ　みなし届出

通常の再生手続では、再生債権者は、裁判所に債権届出をしなければ手続に参加することができません（民再九四条一項）。

これに対し、個人再生手続では、債務者に債権者一覧表の提出義務があり（民再二二一条三項、二四四条）、債権者一覧表に記載のある債権者は、債権届出がなくとも債権届出をしたものとみなされ（民再二二五条、二四四条）、再生債権者自身が債権届出をしなくても届出債権者として手続に参加することができます。これは、届出があったとみなされ届出債権として扱われるものであり、自認債権（民再一〇一条三項）とは全く異なります。

ウ　債権の認否書

通常の民事再生手続においては、届出のあった再生債権について、再生債務者により債権の認否書が作成されますが（民再一〇一条一項）、個人再生手続においては、手続簡素化のため、認否書の作成は予定されていません（民再二二八条、二四五条）。

もっとも、東京地裁破産再生部では、手続の便宜のため、認否書に相当するものとして債権認否一覧表の提出を求める扱いとしています（民再規一二〇条一項）。

(5)　再生計画案

通常の再生手続においては、再生計画案は、再生債務者のほか届出再生債権者も提出することができますが（民再一六三条一項、二項）、個人再生手続においては、届出再生債権者は再生計画案を提出できません（民再二三八条、二四五条）。

また、再生計画による権利の変更の内容は再生債権者間で平等でなければならず（民再一五五条一項本文）、弁済率（免除率）の定め方は、全ての再生債権に対して一律の割合にするのが原則であることは通常の再生手続も個人再生手続も同じですが、通常の再生手続においては、①不利益を受ける再生債権者の同意がある場合、②少額の再生債権について別段の定めをする場合、③再生手続開始決定後の利息の請求権等民事再生法八四条二項に掲げる劣後的取扱いを受ける請求権について別段の定めをする場合、④その他再生債権者の間に差を設けても衡平を害しない場合には、差を設けることが許されます（民再一五五条一項ただし書）。また、再生計画による債務の弁済は、特段の事情がある場合を除き、再生計画認可の決定の確定の日から一〇年を超えない範囲で行うこととされています（民再一五五条三項）。

これに対し、個人再生手続においては、民事再生法一五五条一項ただし書の適用は排除されており（民再二三八条、二四五条）、再生計画による権利の変更の内容に差を設けることが許されるのは、①不利益を受ける再生債権者の同意がある場合、②少額の再生債権の弁済の時期について別段の定めをする場合、③民事再生法八四条二項に掲げる請求権について別段の定めをする場合のみです（民再二二九条一項、二四四条）。また、再生計画による債務の期限の猶予は、弁済期が三か月に一回以上到来する分割払の方法によらなければならず、最終の弁済期は、原則として再生計画認可の決定の確定の日から三年後の日が属する月中の日（特別の事情がある場合は五年を超えない範囲）でなければなりません（民再二二九条二項一号、二号、二四四条）。

⑹　決議等

通常の再生手続においては、再生計画案の決議の方法として、①債権者集会の期日で議決権を行使する方法（民再一六九条二項一号）、②書面等投票による方法（同項二号）及び③集会と書面等投票を併用する方法（同項三号）が認められており、いずれの方法によるかは裁判所の裁量で定められます。再生計画案の可決には、議決権を行使した議決権者の過半数の同意があり、かつ、議決権者の議決権の総額の二分の一以上の議決権を有する者の同意があることが必要です（民再一七二条の三第一項）。

これに対し、小規模個人再生手続では、常に書面決議によることとされ（民再二三〇条三項）、不同意再生債権者が議決権者総数の半数に満たず、かつ、その議決権の額が議決権者の議決権の総額の二分の一を超えないときは可決とみなされます（同条六項）。

さらに、給与所得者等再生手続では、再生計画案の決議自体が省略され、裁判所が、再生債権者の意見を聴取した上で（民再二四〇条）、再生計画の認可又は不認可の決定を行います（民再二四一条）。

(7) 手続の終結

再生計画認可の決定の確定後の手続について、通常の再生手続では、監督委員に再生計画の遂行の監督をさせることができ（民再一八六条二項）、再生計画が遂行されたとき又は再生計画認可の決定が確定した後三年を経過したときは、裁判所が再生手続終結の決定をします（民再一八八条二項）。監督委員が選任されていないときは、裁判所は、再生計画認可の決定が確定したとき、再生手続終結の決定をします（同条一項）。

これに対し、個人再生手続においては、再生計画の履行監督機関を設けず、再生計画認可の決定の確定により、手続は当然に終結します（民再二三三条、二四四条）。

また、個人再生手続においては、手続終結後であっても再生計画の変更をすることができ（民再二三四条、二四四条）、認可された再生計画に基づく弁済が進んだ後に債務者の責めに帰することができない事由で再生計画を完遂することができなくなった場合について、所定の要件を満たすときは残債務の責任を免除するハードシップ免責の制度を設けています（民再二三五条、二四四条）。

4　小規模個人再生と給与所得者等再生との相違点

給与所得者等再生は、小規模個人再生の対象者のうち、将来の収入を確実かつ容易に把握できる者（典型的には給与所得者）を対象とし、一定の基準を超える弁済原資を法定することによって、小規模個人再生よりも更に手続を簡素化・合理化しています。その主な違いは以下のとおりです（破産・民再の実務三版三六九頁）。

(1)　利用対象者

給与所得者等再生の利用対象者は、小規模個人再生の対象者のうち、給与又はこれに類する定期的な収入を得る見込みがある者であって、かつ、その額の変動の幅が小さいと見込まれるものです（民再二三九条一項）。

(2) 計画弁済総額の最低額

小規模個人再生では、計画弁済の総額が、債務者が破産した場合の配当額を下回らず（清算価値保障原則。民再二三〇条二項、二〇二条二項一号、一七四条二項四号）、かつ、最低弁済額要件（民再二三一条二項三号、四号）を満たしていることが必要です。

給与所得者等再生では、これらの要件に加え（民再二四一条二項一号、五号）、計画弁済総額が、再生債務者の収入や家族構成等を基礎に算出される再生債務者の可処分所得の二年分以上でなければなりません（同項七号）。

(3) 再生計画案に対する再生債権者の同意の要否

小規模個人再生では、再生計画の認可に先立ち、再生債権者による再生計画案の書面決議が行われ、再生計画案に対し再生債権者の消極的同意が必要になります（民再二三〇条六項）。

これに対し、給与所得者等再生では、前記(1)(2)のとおり一定額の弁済原資が確保されることから、再生債権者の再生計画への同意が不要です（民再二四一条一項）。もっとも、再生債権者は再生計画案が認可されるか否かについて重大な利害関係を有しており、不認可事由の存否について再生債権者に意見を述べる機会を保障するため、再生計画の認可に先立ち、再生債権者への意見聴取が行われます（民再二四〇条）。

(4) 再申立ての制限等

給与所得者等再生は、前記(3)のとおり再生債権者の同意なく再生計画が認可されることから、破産手続における免責に準じて考えられ、再度の利用に期間制限があります（民再二三九条五項二号）。また、給与所得者等再生における再生計画が遂行された場合、当該再生計画認可の決定の確定の日から七年以内に破産の免責許可の申立てがされたことは、免責不許可事由とされています（破二五二条一項一〇号ロ）。

他方、小規模個人再生手続については、このような制限等はありません。

(5) 手続選択

給与所得者等再生を申し立てた後、小規模個人再生に移行することは、再生手続開始決定前に限り可能ですが（民再二三九条三項、五項）、小規模個人再生を申し立てた後、給与所得者等再生に移行することはできません（個再の手引二版一五二頁）。また、再生手続開始決定後は、他方の手続への変更はできませんので、手続選択は慎重に行う必要があります。手続選択の際に考慮すべき点については、個再の手引二版Q96を参照して下さい。

5　個人再生委員

(1)　個人再生委員の位置付け

民事再生手続は、再生債務者が再生手続開始決定後も原則として財産の管理処分権を有するＤＩＰ型手続であり、これは個人再生手続においても同様です。また、通常の再生手続では、債務者に対する監督機関として監督委員を、債務者の業務及び財産の管理状況等の調査機関として調査委員を、それぞれ選任することができますが、個人再生手続においては監督委員等の制度は設けられていません。これは、個人再生手続の事件規模が通常の再生手続と比べて小さく、手続自体も簡素化されている中で監督委員等を選任する実益に乏しく、また、監督委員等への報酬が高額になり、費用対効果の面で合理的でないとされるためです（破産・民再の実務三版三八八頁）。

しかし、個人再生手続においても、債務者の財産状況の調査等や再生債権の評価の申立てに対する判断を行う場合に、事件を迅速かつ適正に処理するため、裁判所を補助する機関が必要となる場合があることから、個人再生手続の機関として、個人再生委員が設けられています（民再二二三条一項、二四四条）。

個人再生委員は、①再生債務者の財産及び収入の状況を調査すること（民再二二三条二項一号、二四四条）、②再生債権の評価（民再二二七条一項本文、二四四条）に関し裁判所を補助すること（民再二二三条二項二号、二四四条）、③再生債務者が適正な再生計画案を作成するために必要な勧告を行うこと（民再二二三条二項三号、二四四条）の中から、裁判所が指定した一又は複数の職務を担当します。

(2) 個人再生委員の選任

個人再生委員の選任資格は、法律上制限されていませんが、最適任者は個人債務者の倒産処理に精通した弁護士であるといえます。

裁判所は、小規模個人再生又は給与所得者等再生を行うことを求める申述があった場合、前記(1)①又は③を職務とする個人再生委員を選任する必要があると認めるときは、利害関係人の申立て又は職権で個人再生委員を選任することができます（民再二二三条一項本文、二四四条）。他方、再生債権の評価の申立てがあった場合は、当該申立てを不適法として却下するときを除き、裁判所は、前記(1)②を職務とする個人再生委員を選任しなければなりません（民再二二三条一項ただし書、二四四条）。裁判所が個人再生委員選任の決定をし、前記(1)①又は②を職務として指定する場合は、調査結果の報告をすべき期間も定めます（民再二二三条三項、二二七条五項、二四四条）。

裁判所による個人再生委員選任の決定に対し、利害関係人は、即時抗告をすることができますが、濫用的な即時抗告による手続遅延を防ぐため、即時抗告によって個人再生委員の職務遂行を止めることはできません（民再二二三条五項、六項、二四四条）。

(3) 東京地裁破産再生部の運用

ア 選任について

東京地裁破産再生部では、在京三弁護士会との協議に基づき、全件について、倒産処理のほか消費者問題にも精通している経験豊富な弁護士を個人再生委員として選任しています。

これは、裁判所が直接的に手続の進行を図ると、書面に基づく厳格な審査を行うあまり形式的・画一的な事件処理となりがちであり、また、書面の追完指示が繰り返されるなどして手続自体の進行が遅くなる傾向があることが否定できないのに対し、知識経験の豊富な個人再生委員を選任することにより、個別の事件に応じて、具体的な諸事情を考慮した実質的な判断や事案に適した柔軟な処理が可能となり、手続の簡素化、迅速化を図ることが可能となると考えられるためです。

イ 個人再生委員の職務

東京地裁破産再生部では、個人再生委員の職務として、民事再生法二二三条二項各号（前記(1)①～③）所定の事項の全てを指定し、併せて、前記(1)①の調査結果については、再生計画認可の要件に係る意見書と共に裁判所に書面で報告すること、同②の調査結果については、報告すべき事由が生じた都度、裁判所が別に定める期限までに裁判所に書面で報告することを定めています。

具体的に、東京地裁破産再生部において個人再生委員の職務として想定しているのは、以下のような内容です（詳細は個再の手引二版Q1、Q6～8参照）。

①　個人再生委員は、選任後速やかに再生債務者及び再生債務者代理人との面接期日を指定し、打合せを行います。

個人再生委員は、収入及び財産に関する再生債務者の報告書を点検し、問題がある場合は、追加報告等の指示をし、必要に応じて再生債務者の帳簿、書類その他の物件を検査します（民再二二三条八項、二四四条）。

②　個人再生委員は、再生債権の評価の申立てがあった場合には、裁判所に意見を提出します。個人再生委員は、再生債務者に対してのみならず、再生債権者に対しても、債権の存否等に関する資料の提出を求めることができます（民再二二七条六項、二四四条）。

③　個人再生委員は、再生債務者に対し、清算価値保障原則、最低弁済額、履行可能性等の認可要件（民再二三一条一項、一七四条二項、二〇二条二項、二四一条二項）を満たす適法な再生計画案が立案されるよう必要な勧告をします。

なお、個人再生手続においては、再生計画認可後の履行監督が予定されていないことから、履行の確保が重要となるところ、東京地裁破産再生部では、再生債務者に、申立書に記載した毎月の弁済予定額を分割予納金（民再二四条一項参照）として個人再生委員宛に入金させ、これを、個人再生手続終了まで続けることで、再生計画の履行テストとしています。個人再生手続は、標準スケジュールどおりに進行すると約六か月間で終了するところ、この間滞ることなく分割予納金を納付することのできる再生債務者であれば、再生計画認可の決定の確定後も滞りなく弁済を継続できる可能性が高く、逆に、再生手続中であるにもかかわらず分割予納金の支払を滞らせる再生債務者は、認可の決定の確定後も弁済を滞らせる可能性が高いといえるためです。このように、再生債務者からの入金状況を見ることで再生計画の履行可能性を客観的に判断することができ、個人再生委員も履行可能性についての意見を的確に述べることができます（個再の手引二版Q17参照）。

④　個人再生委員は、開始段階、付議又は意見聴取段階及び認可段階において、それぞれ要件充足の有無について検討した上、定型の意見書を裁判所に提出します。また、再生計画案について再生債権者から意見書が提出され、この意見に関して追加の調査が必要となる場合は、個人再生委員が再生債務者に対し必要な調査を指示します。

⑤　開始決定や認可・不認可決定に対し即時抗告があった場合において、抗告裁判所から求めがあるときは、個人再生委員は、抗告裁判所に意見書を提出します。

⑥　住宅等の不動産、リース物件、所有権留保付き自動車等について、再生債務者がこれらの物件に設定された担保の担保権者と別除権協定を締結しようとする場合、個人再生委員は、その当否について再生債務者代理人と十分協議し意見を述べます。

ウ　報酬について

個人再生委員は、裁判所の定める報酬を受けることができます（民再二二三条九項、二四四条）。裁判所は、再生計画認可又は不認可の決定をした後（再生手続開始の申立ての取下げ、同申立ての棄却、再生手続廃止の場合はその時）、個人再生委員の報酬に係る決定をし、個人再生委員は分割予納金から個人再生委員の報酬を控除した残額を計算書と共に再生債務者に返還します。

東京地裁破産再生部においては、報酬額は、弁護士が再生債務者代理人として選任されている事件は原則一五万円、弁護士が選任されていない事件については、その負担が格段に重いことに鑑み二五万円とする運用です。

第二章　個人再生手続の申立て及び開始

1　申立て

(1)　管轄

個人再生手続においては、民事再生法の第一章総則の各規定は適用除外となっていません（民再二三八条、二四五条）ので、管轄に関する規定についても通常の再生手続と同様です。ただし、個人再生手続を利用できるのは「個人」に限られますので、法人に関する規定は当然に除かれます。

ア　事物（職分）管轄

個人再生手続は、全て地方裁判所の管轄に属します（民再五条、裁判所法二五条）。通常の再生手続と同じ事物管轄を定めるのは、個人再生手続から通常の再生手続に移行することがある（民再二二一条七項本文、二三九条四項本文）ことも理由の一つです。

イ　土地管轄

(ア)　再生債務者が営業者であるときは、その主たる営業所の所在地を管轄する地方裁判所が管轄し、営業者でないとき又は営業所を有しないときは、その普通裁判籍（民訴四条二項参照）の所在地を管轄する地方裁判所が管轄します（民再五条一項）。このような原則的な土地管轄がない場合には、再生債務者の財産の所在地（債権については、裁判上の請求をすることができる地）を管轄する地方裁判所が管轄します（民再五条二項）。

(イ)　民事再生法では、経済的に密接な関係にある複数の債務者について、手続の合理化・効率化などの観点から次のとおり関連事件管轄を認めています。

①　法人について再生事件又は更生事件が係属している場合には、この事件が係属している地方裁判所に当該法人の代表者の個人再生手続開始の申立てをすることができます（民再五条六項）。

なお、東京地裁破産再生部においては、法人について当部に破産事件が係属している場合にも、当該法人の代表者について個人再生手続の管轄を認めています。この場合には、法人代表者の個人再生事件の個人再生委員は法人の破産事件の破産管財人と同一の弁護士に依頼しています。

②　(a)相互に連帯債務者の関係にある個人、(b)相互に主債務者と保証人の関係にある個

人、(c)夫婦については、これらの関係のある一人について（個人）再生事件が係属している地方裁判所に他の者の個人再生手続開始の申立てをすることができます（民再五条七項）。

ウ　専属管轄

事物（職分）管轄及び土地管轄は専属管轄とされています（民再六条）から、合意管轄や応訴管轄は認められません。管轄の有無は、裁判所が職権によって調査し（民再一八条、民訴一四条参照）、管轄がないと判断されたときは、管轄裁判所に移送することになります（民再一八条、民訴一六条一項）。

エ　管轄の基準時

管轄は、再生手続開始の申立ての時を基準として定められますから（民再一八条、民訴一五条）、申立て後に再生債務者の住所等に変更があっても影響を受けません。逆に、再生手続開始の申立て時に管轄がなくても、再生手続開始の審理中に管轄の原因が生じれば、管轄違いは治癒されることになります。

(2)　申立てに当たっての提出書類

ア　申立書

個人再生手続開始の申立ては書面でしなければならず（民再規二条）、次の事項を記載しなければなりません。

(ア)　小規模個人再生手続の場合

①　小規模個人再生を行うことを求める旨の申述（民再規一一二条一項）

②　民事再生規則一二条一項各号に掲げる事項（民再規一一二条二項柱書）

・申立人（再生債務者）の氏名又は名称及び住所並びに法定代理人の氏名及び住所

・申立ての趣旨

・再生手続開始の原因となる事実

・再生計画案の作成の方針についての申立人の意見

③　小規模個人再生手続開始の要件に該当しないことが明らかになった場合における再生手続の開始を求める意思の有無（民再規一一二条二項一号）

④　再生債務者の職業、収入その他の生活の状況（民再規一一二条二項二号）

⑤　再生債権の総額（民再規一一二条二項三号）

(イ)　給与所得者等再生手続の場合

①　給与所得者等再生を行うことを求める旨の申述（民再規一三六条一項）

②　民事再生規則一二条一項各号に掲げる事項（民再規一三六条二項柱書。前記(ア)②と同じ）

③　給与所得者等再生手続開始の要件に該当しないことが明らかになった場合における通常の再生手続又は小規模個人再生手続による手続の開始を求める意思の有無（民再規一

三六条二項一号、二号）

④　再生債務者の職業、収入、家族関係その他の生活の状況（民再規一三六条二項三号）

⑤　再生債権の総額（民再規一三六条二項四号）

⑥　過去に給与所得者等再生手続における再生計画が遂行された場合には当該再生計画認可決定確定日から、過去にハードシップ免責が確定した場合には当該再生計画認可決定確定日から、過去に破産免責を受けた場合には当該免責許可決定確定日から、いずれも七年以内に給与所得者等再生を行う旨の申述がなされたものでない旨（民再規一三六条二項五号）

(ウ)　任意的記載事項

以上の必要的記載事項のほか、再生手続開始の可否や手続の進行の見込みなどの判断の資料とするため、あるいは、債務者の財産状態等を把握するために、①再生債務者の資産、負債、その他の財産の状況、②再生手続開始の原因となる事実が生ずるに至った事情、③申立人又は代理人の郵便番号及び電話番号などが任意的記載事項とされています（民再規一三条）。

イ　添付書類

(ア)　個人再生手続の申立てを行う際には、債権者一覧表を提出しなければなりません（民再二二一条三項、二四四条）。通常の再生手続においても民事再生規則一四条一項三号で債権者一覧表の提出が求められているところ、同規定は訓示規定とされているため、提出がなくても申立て自体が不適法となるわけではありませんが、個人再生手続においては債権者一覧表の提出が義務付けられています。これは、個人再生手続では無担保の再生債権の総額が五〇〇〇万円以下であることが手続利用の要件となっており（民再二二一条一項、二三九条一項）、この要件を判断するのに必要があるからです。なお、債権者一覧表に記載された債権についてはいわゆるみなし届出の効果が生じます（民再二二五条、二四四条）。

債権者一覧表の記載事項は、民事再生法二二一条三項各号、民事再生規則一一四条一項に規定されています。

(イ)　住民票の写し（民再規一四条一項一号）、財産目録（同四号）、委任状（民再規一一条、民訴規二三条一項）のほか、個人再生手続において求められるものとして、確定申告書の写し・源泉徴収票の写しその他再生債務者の収入の額を明らかにする書面（民再規一一二条三項一号、一三六条三項一号）、財産目録に記載された財産の価額を明らかにする書面（民再規一一二条三項二号、一三六条三項二号）があります。

(ウ)　また、住宅資金特別条項を定めた再生計画案を提出する場合には、次の書面の提出が求められています（民再規一〇二条一項）。

①　住宅資金貸付契約の内容を記載した証書の写し（住宅ローン契約の契約書等）

② 住宅資金貸付契約に定める各弁済期における弁済すべき額を明らかにする書面（銀行等が住宅ローン債務者に交付するいわゆる返済計画表）
③ 住宅及び住宅の敷地の登記事項証明書
④ 住宅以外の不動産にも民事再生法一九六条三号に規定する抵当権が設定されているときは、当該不動産の登記事項証明書
⑤ 再生債務者の住宅において自己の居住の用に供されない部分があるときは、当該住宅のうち専ら再生債務者の居住の用に供される部分及び当該部分の床面積を明らかにする書面（建物の間取図や各階の平面図など）
⑥ 保証会社が住宅資金貸付債権に係る保証債務の全部を履行したときは、当該履行により当該保証債務が消滅した日を明らかにする書面

この他に、必要があると認めるときは、再生債務者に対し、保証会社の主たる債務者に対する求償権の存在を証する書面（再生債務者と保証会社との間の保証委託契約書）の写しの提出を求めることができます（民再規一〇二条二項）。

(3) 費用の予納

再生手続開始の申立てをするときは、申立人は、再生手続の費用として裁判所の定める金額を予納しなければなりません（民再二四条）。費用の予納がないときは、再生手続開始の申

立ては棄却されます（民再二五条一号）。

(4) 個人再生委員の選任

個人再生手続においては、通常の再生手続と異なり、監督委員（民再五四条以下）や調査委員（民再六二条以下）の制度は設けられていませんが、事件を迅速かつ適切に処理するため、裁判所を補助する機関として、個人再生委員を選任することが認められています（民再二二三条一項、二四四条）。個人再生委員は、①再生債務者の財産及び収入の状況を調査すること、②再生債権の評価（民再二二七条）に関し裁判所を補助すること、③再生債務者が適正な再生計画案を作成するために必要な勧告をすることの中から、裁判所が指定した一又は複数の職務を担当することとされています（民再二二三条二項、二四四条）。個人再生委員の選任は裁量的なものですが、再生債権の評価の申立てがあった場合で、当該申立てを不適法として却下しないときには必要的に選任することとされています（民再二二三条一項ただし書、二四四条）。

個人再生委員は、裁判所の補助機関ですから、裁判所の監督に服し（民再二二三条一〇項、五七条）、中立的な立場で職務を遂行する必要があります。

(5) 中止命令等

再生手続開始の申立てがなされても、開始決定があるまでは、再生債務者に対する破産手続や再生債務者の財産に対する強制執行等の他の手続は中止しません（民再三九条一項）。しかし、再生手続申立て後開始決定前の段階においても、再生債務者の財産の散逸を防止し、債権者間の衡平を図る必要がある場合があります。そこで、民事再生法は、他の手続の中止命令等（民再二六条）、包括的禁止命令（民再二七条）、仮差押えその他の保全処分（民再三〇条）、担保権の実行手続の中止命令（民再三一条）の手続を設けており、民事再生法の第二章第一節の各規定は適用除外となっていません（民再二三八条、二四五条）ので、これらの規定は個人再生手続においても利用することが可能です。ただし、対象者が個人に限られ、事件の規模も比較的小さく、かつ、手続の簡易化を図る個人再生手続においては、実際上問題となるのは給料等の差押えに対する中止命令がほとんどと思われます。

また、住宅資金貸付債権の特則として、その実効性を確保するために、住宅又は再生債務者が有する住宅の敷地に設定された抵当権の実行としての競売手続について、その中止を命ずることもできます（民再一九七条一項）。

ア　他の手続の中止命令（民再二六条）

(ア)　中止命令が発令されるためには、再生手続開始までの間に他の手続の中止の必要があると認められることが要件となります（民再二六条一項柱書）。この「必要がある」とは、中止の対象たる手続をそのまま放置しておくと、再生手続開始までに再生債務者の財産が散逸し、その経済的更生に支障を来し、あるいは個々の債権者の回収行為によって債権者間の衡平・公正が保てないおそれが生じる場合をいいます（条解民再三版一二六頁）。

また、強制執行等の中止命令については、必要性の要件のほか、その手続の申立人である再生債権者に不当な損害を及ぼすおそれがないことが要件となります（民再二六条一項ただし書）。「不当な損害」とは、中止によって受ける再生債務者及び他の債権者などの関係人の利益に比して、中止によって被る再生債権者側の損害が著しく大きい場合をいい、速やかに執行、換価しなければ対象の価値が大きく減少する場合が想定されています（条解民再三版一二七頁）。

(イ)　中止命令の対象となる手続には次のようなものがあります。

①　再生債務者についての破産手続（民再二六条一項一号）

再生債務者について破産手続が進行している場合、再建型の倒産手続は清算型のそれより優先されるべきであるとの考えから、中止を命ずることができるとされています。

②　給料等の差押え（民再二六条一項二号）

再生債務者が給与所得者である場合、通常、給料等は唯一の収入源ですので、これに対して差押えを受けると、再生債務者は債権者への弁済原資を確保する方策が断たれ、今後の経済的更生がままならなくなります。民事再生法二六条が規定する中止命令の中では最も多く利用されている手続です。

(ウ)　中止命令は当事者に送達しなければなりません（民再二六条六項）。中止命令に対しては即時抗告できますが、執行停止の効力はありません（民再二六条四項、五項）。

イ　担保権の実行手続の中止命令（民再三一条）・抵当権の実行手続の中止命令（民再一九七条）

(ア)　民事再生手続においては、担保権は別除権とされ、手続外で行使することができます（民再五三条）。しかし、再生債務者の経済生活の再生のために必要あるいは有用な財産について担保権が実行されると、再生債務者の経済的再生が困難となり、ひいては、再生債権者一般の利益に反する場合があり得ます。そこで、民事再生法は、再生債権者の一般の利益に適合し、かつ、競売申立人に不当な損害を及ぼすおそれがないことを要件として、担保権の実行手続を一時的に中止する担保権の実行手続の中止命令（民再三一条）の制度を設けています。この制度は、再生債務者に担保権者との間で被担保債権の弁済方法等について合意による解決を図るための時間的猶予を与えることを狙いとするものでもあります。

一方で、個人債務者が、その生活の基盤である住宅を手放さずに経済的再生を果たすことができるようにするために住宅資金貸付債権に関する特則が定められていますが、この特則の実効性を確保するためには、住宅資金特別条項を定めた再生計画が認可される前であっても、抵当権の実行を一時的に停止することができるようにする必要があります。前記のとおり民事再生法三一条の規定に基づく担保権の実行手続の中止命令の制度もありますが、これは、「再生債権者の一般の利益に適合」することが要件とされているところ、再生債務者の住宅の保持という目的は、必ずしもこの要件を満たすとは限りません。そこで、住宅資金特別条項を定めた再生計画の認可の見込みがあることを要件として住宅又は再生債務者が有する住宅の敷地に設定された抵当権の実行による競売手続の中止を命ずることができる旨の規定が設けられました（民再一九七条）。

このように、前記二つの中止命令の制度は、それぞれその趣旨、目的が異なる上、手続の名称及び適用条文も異なりますので、両者を混同することのないよう注意が必要です。個人再生手続においては、担保権の実行手続の中止命令（民再三一条）を申し立てる例は少なく、抵当権の実行手続の中止命令（民再一九七条一項）を申し立てる場合がほとんどです。

(イ)　民事再生法一九七条に基づく抵当権の実行手続の中止命令の概要は次のとおりです。

①　中止命令の申立権者は、再生債務者に限られています（民再一九七条一項）。

②　中止命令を発令することができる時期は、再生手続開始の申立てがあった後です。再生手続開始決定の前後を問いません（民再一九七条一項）。

③　裁判所は、中止命令を発令する場合には、競売申立人の意見を聴かなければなりませ

ん（民再一九七条二項、三一条二項）。

④　中止命令を発令する場合には、「相当の期間」を定めなければなりません（民再一九七条一項）。この期間については、数か月程度が限度であるとする考えもありますが、再生計画の認可決定が予定される時点まで中止を認めることができるという考えもあります。東京地裁破産再生部においては、後者を採用して、中止期間の終期を再生手続開始の中立日の七か月後の応当日とする取扱いです（東京地裁破産再生部における個人再生手続の標準スケジュールでは、申立て日から二五週間で再生計画の認可決定又は不認可決定がされます。）。

⑤　抵当権の実行としての競売手続の中止を命ずることができる「住宅の敷地」は再生債務者が有するものに限定されています（民再一九七条一項、一問一答個再七六頁）。

⑥　裁判所は、中止命令を変更し、又は取り消すことができます（民再一九七条二項、三一条三項）。したがって、中止命令において定めた期間を延長する必要がある場合には、その期間を延長することができます。

⑦　中止命令及びこれを変更する決定に対しては、競売申立人に限り即時抗告をすることができますが、執行停止の効力はありません（民再一九七条二項、三一条四項、五項）。

⑧　中止命令、これを変更する決定及び中止命令等に対する即時抗告についての裁判があったときは、その決定を当事者に送達しなければなりません（民再一九七条二項、三一条六

項）。

2　個人再生手続の開始要件

個人再生手続は、通常の再生手続の特則であるため、通常の再生手続の開始要件も具備する必要があります。そのため、個人再生手続の開始要件としては、

①　再生債務者に破産手続開始の原因となる事実（支払不能）の生ずるおそれがあること又は事業の継続に著しい支障を来すことなく弁済期にある債務を弁済することができないこと（民再二一条一項）

②　再生手続開始の申立て棄却事由（民再二五条各号）がないこと

が必要です。これらの通常の再生手続でも求められる要件に加え、小規模個人再生手続及び給与所得者等再生手続に共通の要件は、

③　再生債務者が個人であること（民再二二一条一項、二三九条一項）

④　再生債務者が将来において継続的に又は反復して収入を得る見込みがあること（民再二二一条一項、二三九条一項）

⑤　再生債権の総額（住宅資金貸付債権の額、別除権の行使によって弁済を受けることができると見込まれる再生債権の額及び再生手続開始前の罰金等の額を除く。）が五〇〇〇万円を超

えないこと（民再二二一条一項、二三九条一項）

⑥　再生債務者が債権者一覧表を提出していること（民再二二一条三項、二四四条）

の四つです。

さらに、小規模個人再生手続では、

⑦　再生債務者が小規模個人再生を行うことを求める旨の申述をしたこと（民再二二一条二項）

が要件になります。

給与所得者等再生手続では、前記①から⑥に加え、

⑧　給与又はこれに類する定期的な収入を得る見込みがあり、かつ、その変動の幅が小さいと見込まれること（民再二三九条一項）

⑨　再申立ての制限に抵触しないこと（民再二三九条五項）

前記⑦の小規模個人再生手続の要件に代わり、

⑩　再生債務者が、給与所得者等再生手続を行うことを求める旨の申述をしたこと（民再二三九条二項）

という要件が必要です。給与所得者等再生手続では、小規模個人再生手続と比較すると、前記⑧と⑨の要件が加重されていることになります。

個人再生手続では、原則として三年間（最長五年間）にわたって、三か月に一回以上の割合で分割弁済を行う再生計画案を作成することになります（民再二二九条二項、二四四条）。この再生計画が認可された場合には、将来の収入から再生計画に従って弁済することになりますので、「将来において継続的に又は反復して収入を得る見込みがあること」という要件が求められています。この要件を満たすか否かは、再生債務者の職業や収入等の個別の状況等を基に判断することになります。

また、負債総額があまりに高額になると、再生計画認可による再生債権の減免額も高額になり、再生債権者に与える不利益が大きくなり過ぎ、個人再生手続という簡素化した手続の利用を認めることが相当ではないという趣旨から、無担保の再生債権の総額が五〇〇〇万円を超えないことが利用適格要件とされています（前記⑤の要件。この要件を以下「五〇〇〇万円要件」といいます。）（一問一答個再一五五頁）。

五〇〇〇万円要件の対象となる債権は、再生債権の総額から、住宅資金貸付債権の額、別除権の行使により弁済を受けることができると見込まれる額及び再生手続開始前の罰金等（民再九七条）の額を除いて算出します。これらの債権は、再生債務者の弁済原資を他の再生債権者と分け合う関係にないので、五〇〇〇万円要件から除外されます（一問一答個再一五六頁）。なお、五〇〇〇万円要件を欠く場合は、通常の再生手続によることになります。

個人再生手続では、債権者一覧表の提出が法律で義務付けられており、その提出がなければ、個人再生手続を行うことはできません。通常の再生手続でも、債権者一覧表の提出は民事再生規則一四条一項三号で申立書の添付書類の一つとして提出が求められていますが、この規定は訓示規定であり、個人再生手続とは異なり、債権者一覧表の提出がなくても、申立て自体が不適法になるものではありません（一問一答個再一五九頁）。債権者一覧表には、再生債権の額、担保不足見込額（別除権の行使により弁済を受けることができないと見込まれる額）や住宅資金貸付債権についてはその旨等を記載する必要があり（民再二二一条三項、二四四条）、五〇〇〇万円要件に該当するかの判断のためには、それらを記載した債権者一覧表の提出が必要不可欠です。そのため、個人再生手続では、債権者一覧表の提出が法律で義務付けられており、手続開始の要件とされているのです。

給与所得者等再生手続では、「給与又はこれに類する定期的な収入を得る見込みがあり、かつ、その額の変動の幅が小さいと見込まれる」ことが要件となります。給与所得者等再生手続では、再生計画認可の前提として再生債権者の意見聴取（民再二四〇条一項）をするものの、決議が不要とされています。そのため、再生債権者の利益を不当に害することのないよう、この手続を利用できる再生債務者の資格を、より安定した定期的収入を得ている給与所得者等に制限して、将来の収入の確実性と弁済の確実性を担保しようとしています。

また、給与所得者等再生手続の要件である、再申立ての制限に抵触しないことというのは、過去に破産免責等を受けた者が、その後に給与所得者等再生手続を申し立てることは、短期間のうちに債権者の多数の同意なしに再度の債務の減免を受けることになり、モラルハザードを招きかねないことから、給与所得者等再生手続における再生計画が遂行された場合の再生計画認可決定確定日、ハードシップ免責が確定した場合の再生計画認可決定確定日、破産免責を受けた場合における免責許可決定確定日から、いずれも七年以内にされた申立てでないという期間制限を設けたものです（民再二三九条五項二号。個再の手引二版四一一頁）。

小規模個人再生手続又は給与所得者等再生手続を行うことを求める旨の申述は、原則として、再生手続開始の申立ての際にしなければなりません。もっとも、債権者が再生手続の申立てを行った場合には、再生債務者は申立ての際に申述をすることはできませんから、再生手続の開始決定がされるまでに、その旨の申述をしなければならないものとしています（民再二二一条二項、二三九条二項）。この場合、その旨の申述をする機会を再生債務者に与える必要があります。そこで、裁判所書記官は、再生債権者が再生債務者に対して再生手続開始の申立てをした旨及び再生手続の開始決定があるまでに小規模個人再生手続又は給与所得者等再生手続を行うことを求めることができる旨を再生債務者に通知しなければならないことになっています（民再規一一三条一項、一三七条一項）。

3　個人再生手続の開始決定の効果

前記2の要件が満たされていれば、小規模個人再生手続又は給与所得者等再生手続の開始決定がされます。裁判所は、再生手続開始決定と同時に、債権届出期間と一般異議申述期間を定めます（民再二二二条一項、二四四条）。

再生手続開始決定がされると、開始決定の主文、債権届出期間及び一般異議申述期間が官報公告され（民再二二二条二項、二四四条、一〇条一項）、再生債務者及び知れている再生債権者には、書面で通知されます（民再二二二条三項、二四四条）。また、知れている再生債権者には、債権者一覧表の記載事項も通知しなければなりません（民再二二二条四項、二四四条）。

小規模個人再生手続又は給与所得者等再生手続の開始決定の効果は、通常の再生手続（民再三八条）と基本的に同じです。つまり、DIP型の手続を原則としており、再生債務者は、再生手続が開始された後も、業務遂行権や財産の管理処分権を失いません。しかし、再生債務者は、再生手続の機関として財産の管理処分権を行使することになるため、再生債権者に対し、公平かつ誠実に、これらの権利を行使し、再生手続を追行しなければならない義務を負います（公平誠実義務。民再三八条二項）。

(1)　弁済禁止

再生債権については、再生手続開始決定後は、民事再生法に特別の定めがある場合を除き、再生計画の定めるところによらなければ、弁済をし、弁済を受け、その他これを消滅させる行為（免除を除く。）をすることはできません（民再八五条一項）。

再生手続中に、再生計画の定めるところによらないで一部の再生債権者の個別的な権利行使を許してしまうことは、債権者平等原則に反する上、再生債務者の資産の流出により再生債務者の事業の継続又は経済生活の再生を図ることができなくなることになります。そのため、再生債権の弁済が原則的に禁止されています。

例えば、再生債務者の勤務先からの借入れが給料から天引きされて弁済されていることがありますが、勤務先からの借入れも再生債権であり、給料の天引きによる弁済も禁止されます。

住宅資金貸付債権（住宅ローン債権）については特別な取扱いがされています。住宅ローン債権も再生債権ですので、再生手続開始決定後は弁済することができないのが原則ですが、住宅ローン債権については、裁判所の許可を得て、従来どおりに住宅ローン債務を支払うことが可能になっています。住宅ローン債務の支払を止めてしまうと、住宅ローン債務の期限の利益を喪失し、約定遅延損害金を上乗せして弁済しなければならなくなるほか、住宅ローンに係る抵当権を実行されてしまい、住宅を維持するという目的が達せられなくなります。そこで、民事再生法一九七条三項では、一定の要件の下で、裁判所の許可を得て、再生手続開始決定後も住宅ローン債務を支払うことを可能としています。

(2) 他の手続の中止

再生手続開始の決定があったときは、破産手続開始、再生手続開始若しくは特別清算開始の申立て、再生債務者の財産に対する再生債権に基づく強制執行等はすることはできず、破産手続、既にされている再生債権に基づく強制執行等は中止され（民再三九条一項）、再生計画認可決定の確定により失効します（民再一八四条）。これは、前述のとおり、再生債権については、再生手続開始決定後は、原則として再生計画の定めるところによらなければ、弁済等の行為をすることができないからです（民再八五条一項）。ただし、①再生手続外で行使することが許される別除権、②再生手続によらないで随時弁済を受けることができる共益債権や一般優先債権に基づく強制執行等、③一般優先債権たる租税債権に基づく国税等の滞納処分は、中止の対象になりません。

なお、再生手続開始決定があれば直ちに強制執行手続等が停止するというわけではありません。通常、執行裁判所等は再生手続開始決定の存在を知りませんから、再生債務者等は、執行裁判所等に対し、再生手続開始決定正本を添付の上、強制執行手続停止上申書を提出する必要があります。破産裁判所や保全裁判所に対しても、同様の手続が必要です。

⑶　訴訟手続について

通常の再生手続では、民事再生法四〇条一項により、係属中の再生債務者の財産関係の訴訟手続のうち再生債権に関するものは中断します。その上で、通常の再生手続では、異議等のある再生債権については、再生債権査定の裁判（民再一〇五条）、異議等のある再生債権に関する訴訟の受継（民再一〇七条）等の厳格な手続を経て、実体的な権利の額及び内容が確定されます。これに対し、個人再生手続では、民事再生法二三八条及び二四五条により、同法四〇条の適用が除外されており、再生手続開始決定があっても、再生債権に関する訴訟手続は中断しません。個人再生手続では、再生債権の評価の手続（民再二二七条、二四四条）は設けられていますが、この手続では議決権の額や最低弁済額（民再二三一条二項三号、二四一条二項五号）等の算定の基礎となる再生債権等を手続内で確定させるにとどまり、実体的な再生債権の額等が確定されることがありません。その確定のためには、別途訴訟手続を経る必要があることから、個人再生手続の開始決定時において再生債権に関する訴訟が係属中であっても、その訴訟は中断しないとされたものです。

なお、例外的に、再生債権者の提起した債権者代位訴訟については中断します。民事再生法二三八条及び二四五条は同法四〇条の二の適用を除外していますが、そのうち、債権者代位権（民四二三条）により再生債権者の提起した訴訟に係る部分は除外していません。再生債権者は、再生手続開始後、再生計画の定めるところによらなければ弁済を受けることができず（民再八五条一項）、当該被代位債権の処分権限を喪失するためです（個再の手引二版一七一頁）。

第三章　個人再生手続における債権者

1　再生債権

(1)　再生債権の意義と範囲

再生債権とは、再生債務者に対する再生手続開始前の原因に基づいて生じた財産上の請求権（共益債権又は一般優先債権であるものを除きます。）をいいます（民再八四条一項）。「再生手続開始前の原因に基づいて生じた」というためには、再生手続開始時点で、その主たる発生原因が備わっていれば足りると解されており、発生原因の全てが備わっている必要はないものと考えられています。例えば、請求権の発生原因たる契約の成立や不法行為の発生があれば、再生債権として認められると解されます。

また、破産手続における劣後的破産債権に相当する、①再生手続開始後の利息の請求権、②再生手続開始後の不履行による損害賠償及び違約金の請求権、③再生手続参加の費用の請求権も再生債権に含まれます（民再八四条二項）。これらの再生債権については、再生計画における権利変更の内容として、他の再生債権とは異なる内容を定めることが許されており（民再二二九条一項）、実務上も、これらの再生債権については、全額免除とすることが通例です。

(2) 再生債権の弁済禁止とその例外（一部弁済許可）

再生手続が開始されると、再生債権に基づく強制執行等の申立てをすることはできず、既にされている再生債権に基づく強制執行等の手続は中止されます（民再三九条一項）。なお、個人再生手続においては、民事再生法二三八条及び二四五条で、同法四〇条の適用が除外されているので、再生債権に基づく訴訟の提起は可能と解されます。

個人再生手続が開始されると、このような限度で再生債権に対する個別の権利行使が制限されます。そして、これとともに、再生債権については、民事再生法に特別に定めがある場合を除き、再生計画の定めるところによらなければ、弁済をし、弁済を受け、その他これを消滅させる行為（免除を除く。）をすることができなくなります（民再八五条一項）。その趣旨は、再生手続の係属中に、再生計画の定めるところによらず再生債権の満足を認めると、債権者平等原則に反することになるとともに、再生債務者の資産流出により、再生債務者の経済的再生を図ることもできなくなるため、これらの弊害を防止することにあります。

民事再生法八五条一項に反する再生債権への弁済は無効であり、このような弁済があると、弁済を受けた再生債権者に対して、不当利得返還請求権が成立することとなり、弁済額と同額を清算価値として計上する必要があります（なお、東京地裁破産再生部においては、個人再生手続における清算価値評価の基準時は、再生計画認可決定時と解していますので、開始決定後の再生債権に対する弁済による不当利得返還請求権も清算価値に算入されることになります。）。また、弁済額やその態様によっては、再生手続廃止につながることもあり得ます（民再一九一条一号、二三〇条二項、二四三条一号、二四一条二項一号、一七四条二項一号）。

もっとも、再生債権の弁済禁止には、以下のとおり、いくつかの例外が定められています。

ア　住宅資金貸付債権に対する一部弁済許可（民再一九七条三項）

裁判所は、再生債務者が再生手続開始後に住宅資金貸付債権の一部を弁済しなければ住宅資金貸付契約の定めにより当該住宅資金貸付債権の全部又は一部について期限の利益を喪失することとなる場合において、住宅資金特別条項を定めた再生計画の認可の見込みがあると認めるときは、再生計画認可の決定が確定する前でも、再生債務者の申立てにより、その弁済をすることを許可することができます（民再一九七条三項）。

再生手続開始後、再生債権の弁済を行わないことによって住宅資金貸付債権について期限の利益を喪失することになった場合には、住宅に設定された抵当権が実行され（民事再生法五三条により、抵当権は別除権とされており、再生手続によらずに行使することが可能です。）、再生債務者が住宅を失い、住宅資金特別条項を定めた再生計画案を提出する意味がなくなってしまうおそれがあり、また、期限の利益を喪失することによって、多額の約定遅延損害金（通常は年十数パーセントと約定されていることが多いようです。）が発生して、その弁済が困難になるおそれがあります。このような事態を避けるため、民事再生法は、住宅資金貸付債権に対する一部弁済許可の制度を定めています。

東京地裁破産再生部における住宅資金貸付債権に対する一部弁済許可の具体的な流れは、以下のとおりです。

① 再生債務者は、申立て時又は申立て後速やかに、一部弁済許可申立書の正本・副本及び個人再生委員用の写しを提出します。

② 個人再生委員は、開始相当意見を提出する場合には、これとともに一部弁済許可が相当か否かについても意見を提出します（東京地裁破産再生部の定型の書式では、再生手続開始についての意見書に、一部弁済許可に関する意見を記載する欄が設けられています。）。

③ 裁判所は、個人再生委員の意見を踏まえ、個人再生手続開始の申立てを相当と認める場合には、開始時に一部弁済許可をし、開始決定正本と共に許可証明書を再生債務者代理人

に送付しています。また、個人再生委員にも一部弁済を許可した旨を開始決定正本の交付に併せて通知しています。

イ　中小企業者に対する弁済許可（民再八五条二項）

再生債務者を主要な取引先とする中小企業者が、その有する再生債権の弁済を受けなければ、事業の継続に著しい支障を来すおそれがあるときは、裁判所は、再生計画認可の決定が確定する前でも、再生債務者の申立てにより又は職権で、その全部又は一部の弁済をすることを許可することができ（民再八五条二項）、個人再生手続においても同条の適用は除外されていません（民再二三八条、二四五条）。

もっとも、個人再生手続を利用することができる自営業者の事業は小規模であるため、このような自営業者を主要な取引先とする中小企業者が存在することはほぼ考えられず、また、当該弁済をした場合には、再生債務者が自身の事業の資金繰りに窮してしまう場合がほとんどであって、個人再生手続において、中小企業者に対する弁済が許可されることは想定し難いところです。

ウ　少額の再生債権に対する弁済許可（民再八五条五項前段）

少額の再生債権を早期に弁済することにより再生手続を円滑に進行することができるときは、裁判所は、再生計画認可の決定が確定する前でも、再生債務者の申立てにより、その弁済をすることを許可することができ（民再八五条五項前段）、個人再生手続においても、その適用は除外されていません（民再二三八条、二四五条）。

もっとも、個人再生手続の場合には、負債額が五〇〇〇万円以下と少額で、それに伴い債権者数も少ないことがほとんどですので、「少額の再生債権を早期に弁済することにより再生手続を円滑に進行することができる」という要件を満たすことは、ほとんど考えられないところです。

エ　事業の継続の著しい支障を回避するための弁済許可（民再八五条五項後段）

少額の再生債権を早期に弁済しなければ再生債務者の事業の継続に著しい支障を来すときは、裁判所は、再生計画認可の決定が確定する前でも、再生債務者の申立てにより、その弁済をすることを許可することができ（民再八五条五項後段）、個人再生手続においても、同条の適用は除外されていません（民再二三八条、二四五条）。

もっとも、再生債務者の資金繰りの観点等から、弁済を許可することは難しいと考えられます。なお、少額の再生債権の早期弁済が必要な場合には、実務上、親族等からの第三者弁済によって対応している場合も多いようですが、弁済原資を再生債務者が実質的に拠出しているなど、再生債権に対する弁済禁止の潜脱となっていないかという点に注意が必要です。

(3) 再生手続における相殺

ア　再生債務者による相殺

これまで述べたとおり、再生手続開始決定によって、再生債権については弁済等が禁止されますが、再生債務者は、再生債務者財産に属する債権をもって再生債権と相殺することが再生債権者の一般の利益に適合するときは、裁判所の許可を得て、その相殺をすることができます（民再八五条の二）。

再生債務者が有する債権は、通常は、額面額に近い価値を有する一方で、再生債権は、その額面額に再生計画における弁済率を乗じた価値しか有しておらず、これらを対当額で相殺した場合には再生債務者が不利となるため、再生債務者が相殺を行うことは、弁済率を極力最大化するという公平誠実義務の観点から、認められないところです。しかしながら、再生債務者が有する債権の債務者について破産手続が開始されている場合などにおいては、再生計画における弁済率のほうが、当該債権の債務者の破産手続における破産配当率よりも高率となることがあり、このような場合には、再生債務者から相殺を行ったほうが、再生債務者に有利になる（再生債権者の一般の利益に適合する）ことがあります。そこで、民事再生法八五条の二は、このような場合に、裁判所の許可を得ることを要件として、再生債務者からの相殺を認めています。

イ　再生債権者による相殺

再生債権者は、再生手続開始当時再生債務者に対して債務を負担する場合において、債権及び債務の双方が債権届出期間の満了前に相殺に適するようになったときは、当該債権届出期間内に限り、再生計画の定めるところによらないで、相殺をすることができます（民再九二条一項）。これは、再生債権者が有する相殺の担保的機能の保護を図ったものです。

しかし、再生債権者が再生債務者に対して債務を負担した時期又は再生債務者に対して債務を負担する者が他人の再生債権を取得した時期が、支払停止等の後であった場合には、相殺の担保的機能についての合理的な期待は認められず、このような場合にまで再生債権者からの相殺を認めることは再生債権者間の平等を害する結果となるため、一定の場合に相殺が禁止されています（民再九三条、九三条の二）。

なお、個人再生手続開始の申立ての際に提出される債権者一覧表の備考欄に、「相殺予定」と記載されている事例がありますが、再生債権者からの相殺は無条件に認められるわけではなく、これまで述べたような制限があるため、再生債権者からの相殺が認められるものかどうか、慎重に検討する必要があります。

ウ　退職金債権に対する相殺予定

これまで述べたように、再生債権者からの相殺には民事再生法上の制限がありますが、再生債務者に勤務先からの借入れがあり、返済途中で退職するときには退職金で返済する旨の相殺予約がされているような場合には、労働法の観点から、更に注意が必要です。すなわち、このような場合の相殺は、賃金の全額払の原則（労働基準法二四条一項本文）との関係で問題が生じるところです。労使間の書面による賃金控除協定がある場合には（労働基準法二四条一項ただし書）、勤務先による相殺は全額払の原則に反しないとされています。また、勤務先が労働者の同意を得て行う相殺は、その同意が労働者の自由な意思に基づいてされたものであると認めるに足りる合理的な理由が客観的に存在するときは、全額払の原則に反しないとされていますが（最判平成二年一一月二六日民集四四巻八号一〇八五頁参照）、このような合理的な理由が客観的に存在するかどうか慎重に検討する必要があります。

(4)　再生債権の届出と手続参加

ア　個人再生手続における再生債権の届出

通常の再生手続においては、再生手続に参加しようとする再生債権者は、再生債権の届出期間内に、その有する再生債権の内容及び原因並びに議決権の額等を裁判所に届け出る必要があります（民再九四条一項）。通常の再生手続では、破産手続とは異なり、再生債権の金銭化、現在化は行われません。通常の再生手続では、届出がされなかった再生債権については、再生計画認可の決定が確定した場合に、民事再生法一八一条一項各号に定めるものを除いて、失権することになります（民再一七八条一項）。

これに対して、個人再生手続においては、再生手続に参加しようとする再生債権者は、再生債権の届出をすることができますが、議決権の額を届け出る必要はありません（民再二二四条一項、二四四条）。また、民事再生法八七条一項一号から三号までに掲げられた再生債権については、当該各号の規定に従い、金銭化、現在化したものとして取り扱われます（民再二二四条二項、二二一条五項、二四四条）。前記のとおり、通常の再生手続においては、届出がされなかった再生債権については、再生計画認可の決定が確定した場合に、一定のものを除いて失権しますが、個人再生手続においては、届出がされなかった再生債権が失権することはなく、一定の場合を除き、再生計画で定められた一般的基準に従い権利変更された上で、再生計画で定められた期間が満了するまで弁済することができないという劣後的取扱いがされることとなります（民再二三二条二項、三項、二四四条）。

イ　みなし届出

前記のとおり、通常の再生手続においては、再生債権者が再生手続に参加しようとするためには、再生債権の届出期間内に、その有する再生債権の内容及び原因並びに議決権の額等を裁判所に届け出る必要がありますが、個人再生手続は、通常の再生手続よりも簡易な手続となっており、再生債権者による届出がなくても、債権者一覧表に記載されている再生債権については、その債権者一覧表記載の内容で届出がされたものとみなされます（みなし届出。民再二二五条、二四四条）。

このように、個人再生手続では、みなし届出の制度が設けられており、債権者一覧表の記載によって債権届出の効果が発生することになるため、債権者一覧表の記載は重要です。債権者一覧表の債権額は一義的に確定できるものである必要があり、債権額が概算で記載されていたり、利息・遅延損害金の起算日を特定することができない記載がされていたりしないか、十分に確認する必要があります。また、債権者一覧表に記載した再生債権の額について、異議を述べることがある旨（異議の留保）の記載をしていない場合には、債権調査において再生債務者が異議を述べることができなくなりますので（民再二二六条一項ただし書、二四四条）、この観点からも注意が必要です。

なお、債権者一覧表の記載にみなし届出の効果が生じることから、再生手続開始決定後の債権者一覧表の訂正は一切認められません。

ウ　債権届出期間経過後に債権届出があった場合の取扱い

前記のとおり、個人再生手続においては、みなし届出の制度があることから、債権届出期間経過後の債権届出が問題となるのは、個人再生手続開始の申立て時に提出された債権者一覧表に記載のない再生債権が、債権届出期間経過後に届け出られたケースになります。

再生手続に参加しようとする再生債権者は、原則として、債権届出期間内に債権届出をしなければなりません（民再九四条。みなし届出の制度が適用される場合は別です。）。そして、個人再生手続においては、債権届出期間経過後に届け出られた再生債権については再生計画の一般的基準に従い変更されるとともに（民再二三二条二項、二四四条）、再生計画で定められた弁済期間が満了するまでは弁済を受けることができないという劣後的取扱いを受けることとなります（民再二三二条三項、二四四条）。

もっとも、再生債権者の責めに帰することができない事由によって債権届出期間内に届出をすることができなかった場合には、その事由が消滅した後一か月以内に限り届出の追完が可能です（民再九五条一項）。ただし、再生計画案を決議に付する旨の決定又は意見聴取の決定がされた後は、届出の追完はできません（民再九五条四項、二四〇条三項）。そして、届出の追完が認められる場合には、特別異議申述期間を定めて債権調査を行うこととなります（民再二二六条二項、九五条一項、二四四条）。

以上が債権届出期間経過後に債権届出があった場合の取扱いとなりますが、後記のとおり、東京地裁破産再生部では、個人再生手続においても自認債権を認める運用をしており、自認債権として取り扱うことによって、劣後的取扱いを避けることが可能です。そのため、実際には、特別異議申述期間を定めて債権調査を行うことはほとんどありません。

(5) 再生債権の調査・確定

ア　手続内確定

通常の再生手続においては、債権調査の結果によって、再生債権の実体的な確定が図られますが、個人再生手続は簡易な手続とされているため、再生債権の評価等の手続はあるものの、手続内における確定にとどまり（手続内確定）、実体的に再生債権の額や内容等を確定させる効果を有しません（民事再生法二三八条、二四五条による第四章第三節の適用除外）。そのため、債権調査の結果に既判力や執行力が付与されることもなく、別途、訴訟において再生債権の額や内容を争うことができ、当該訴訟の中で実体的な再生債権の額や内容が判断されることとなります。

イ　再生債権の調査の流れ

(ア)　概要

個人再生手続における債権調査・確定は、原則として、裁判所が定める一般異議申述期間における異議の申述及び再生債権の評価の申立てによって行われます。以下、個人再生手続における債権調査の流れについて概説します。

(イ)　債権認否一覧表の提出

通常の再生手続においては、再生債務者は認否書を提出しなければなりません（民再一〇一条一項）。これに対して、個人再生手続においては、再生債務者による認否書の作成は予定されていません（民事再生法二三八条、二四五条による第四章第三節の適用除外）。もっとも、届出債権の現状の確認等に便利であることから、東京地裁破産再生部では、再生債務者に対し、債権認否一覧表（民再規一二〇条一項、一四〇条）を一般異議申述期間の初日までに提出することを求めています。

この債権認否一覧表は、あくまでも手続進行の便宜のための書面ですので、この債権認否一覧表の記載には異議申述の効果はなく、再生債務者が届出債権に対して異議を述べる場合には、別途、裁判所に異議申述書を提出する必要があります（民再二二六条一項、二四四条）。

(ウ)　再生債務者及び届出再生債権者からの異議

再生債務者及び届出再生債権者は、一般異議申述期間内に、裁判所に対し、届出（みなし届出を含みます。）があった再生債権の額について、書面で、異議を述べることができます（民再二二六条一項、二四四条）。

再生債務者及び届出再生債権者から異議が述べられない場合には、届出債権がそのまま手続内で確定し、再生計画認可の決定が確定した場合には、再生計画の一般的基準に従って変更され、再生計画に沿って弁済期間内に弁済がされます。

再生債務者又は届出再生債権者から異議が述べられた場合には、再生債権の評価の手続

（民再二二七条、二四四条）を経ることとなります。再生債権の評価の申立ては異議申述期間の末日から三週間の不変期間内にしなければなりません（民再二二七条一項、二四四条）。

異議が述べられたにもかかわらず、不変期間内に再生債権の評価の申立てがない場合、無名義債権については、異議が述べられている部分について弁済期間内に弁済を受けることができず（劣後的取扱い。民再二三二条三項、二四四条）、有名義債権については、異議はなかったものとみなされ（民再二二七条二項、二四四条）、届出のとおり手続内確定して、再生計画認可の決定が確定した場合には、再生計画の一般的基準に従って変更され、再生計画に沿って弁済がされます。

(エ)　再生債権の評価の手続

再生債務者又は届出再生債権者が異議を述べた場合には、当該再生債権を有する再生債権者は、裁判所に対し、異議申述期間の末日から三週間の不変期間内に、再生債権の評価の申立てをすることができます（民再二二七条一項本文、二四四条）。ただし、当該再生債権が執行力ある債務名義又は終局判決のあるものである場合には、当該異議を述べた者が当該申立てをしなければなりません（民再二二七条一項ただし書、二四四条）。

再生債権の評価の申立ての方式は、再生債権の査定の申立ての方式に準じて行われ（民再規一二六条、四五条、一四〇条）、申立書には、申立人の氏名等並びに申立ての趣旨及び理由を記載し（民再規四五条一項、二項）、立証を要する事由につき証拠書類を添付する必要があります（同条三項）。また、これらの書面は相手方に直送する必要があります（同条四項）。

(オ) 個人再生委員による調査

再生債権の評価の申立てをするときには、申立人は、申立てに係る手続の費用として裁判所の定める金額を予納しなければならず（民再二二七条三項、二四四条）、費用の予納がない場合には、裁判所は当該申立てを却下することになりますが（民再二二七条四項、二四四条）、東京地裁破産再生部では、全件について個人再生委員を選任し、その際に、再生債権の評価の手続に関し裁判所を補助することを個人再生委員の職務として指定しており、改めて費用を予納させる扱いはしていません。

個人再生委員は、再生債務者や再生債権者に対して、再生債権の存否等に関する資料の提出を求めることができ（民再二二七条六項、二四四条）、これらの資料も踏まえて、再生債権の存否等の調査を行い、再生債権の存否等について意見を提出します。東京地裁破産再生部では、適法な再生債権の評価の申立てがあった場合には、裁判所書記官から個人再生委員に対し、申立てがあった旨を連絡し、個人再生委員は、原則として三週間以内に再生債権の評価に関する意見書を裁判所に提出する扱いです。

(カ)　再生債権の評価の決定

裁判所は、個人再生委員の意見を踏まえて、決定で、再生債権の存否及び額を定めます(民再二二七条七項、二四四条)。この決定については、即時抗告をすることはできません(民再九条参照)。

再生債権の評価の決定がされた再生債権は、評価済債権として、異議なく確定した再生債権(無異議債権)と同じく、再生計画に定められた一般的基準に従って権利変更がされた上で、再生計画に基づいて、弁済期間内に弁済を受けることができます(民再二三二条三項、二四四条参照)。

他方、再生債権の評価の手続においてその存在が認められなかった債権は、再生計画に定めた一般的基準に従って、権利の変更がされますが(民再二三二条一項、二項、二四四条)、再生計画で定められた弁済期間が満了するまでは弁済を受けることができません(劣後的取扱い。民再二三二条三項本文、二四四条)。ただし、その後、訴訟においてその存在を認めることが判決等で確定した場合には、再生計画に基づいて、弁済期間内に弁済を受けることができます(民再二三二条三項ただし書、二四四条)。

なお、後の訴訟において、再生債権の額が、再生債権の評価の決定で定められた債権額よりも少ない額と判断された場合については、個人再生手続においては、再生債権の評価の決定によって定められた金額で手続内での確定が行われているため、再生債権者は、再生計画に沿った内容での弁済を受けることができますが、実体的確定は訴訟で行われるべきものですので、再生債権者が再生計画に沿った内容での弁済を受けた場合は、再生債務者は不当利得返還請求をすることができると解されます（個再の手引二版Q75）。

ウ　自認債権

(ア)　概要

自認債権とは、再生債務者が、債権届出がされていない再生債権があることを知っている場合に、その内容等について自認した当該再生債権のことをいいます（民再一〇一条三項）。通常の再生手続においては、再生債権について民事再生法一七八条一項による失権を伴う実体的確定が行われることになりますが、再生債務者が知っている再生債権まで失権してしまうのは債権者の負担が大きすぎるため、再生債務者は、自認債権がある場合には、自認債権の内容を認否書に記載する必要があります（自認義務。民再一〇一条三項）。そして、自認債権は債権調査及び確定の対象となり、再生計画による権利変更及び弁済の対象となりますが、届出債権とは異なり、再生債権者から債権届出という形で積極的な権利主張があるわけではないので、議決権は認められていません（民再一〇四条一項括弧書き参照）。

個人再生手続においても、届出がない再生債権については、再生計画における弁済期間内には弁済等がされないという劣後的取扱いがされるという不利益がありますし、個人再生手続において自認債権を認めない実質的理由も見出し難いため、東京地裁破産再生部では、個人再生手続においても自認債権という扱いを認めています。

なお、個人再生手続においては、みなし届出の制度がありますので、自認債権の制度が問題となるのは、個人再生手続申立て時に債権者一覧表に記載されておらず、債権届出もなかった再生債権の存在が明らかになった場合や、債権者一覧表には記載はあるものの債権届出期間経過後に債権者一覧表に記載された額を超える金額の債権届出がされた場合です。

(イ)　債権届出のなかった再生債権を自認債権とする方法

個人再生手続開始の申立て時に債権者一覧表に記載されておらず、債権届出もなかった再生債権の存在が明らかになった場合、東京地裁破産再生部では、一般異議申述期間の初日までに当該再生債権を自認債権として扱う旨を記載した債権認否一覧表を提出することによって、当該再生債権を自認債権とすることができます。提出の期限を一般異議申述期間の初日までにしている理由は、他の届出再生債権者に自認債権について異議の申述をする機会を確保するためですので、債権認否一覧表の提出が遅れることのないよう注意が必要です。

(ウ)　自認債権に関する注意点

自認債権については、手続内確定した債権と同様、再生計画に基づく弁済期間内に同計画に従った弁済を受けることができますが、議決権はありません。また、自認債権は、基準債権（民再二三一条二項三号、二四一条二項五号）に含めることができないため、計画弁済総額の下限（最低弁済額）の算定基礎にならないことに注意が必要です。以下、設例を用いて、基準債権額や最低弁済額等の計算の実例を示します（なお、以下では、清算価値保障原則は満たされているものと仮定します。）。

【設例】

再生債権者は、以下の三社であった。
A社：再生債権額五〇〇〇万円
B社：再生債権額八〇〇〇万円
C社：再生債権額七〇〇〇万円
B社、C社の再生債権については債権届出があったが、A社の再生債権については、自認債権として取り扱う。最低弁済額相当額を弁済額として再生計画案を作成する。

設例の場合、基準債権の総額はB社とC社の再生債権の額の合計一五〇〇〇万円となり、最低弁済額は三〇〇〇万円となります（民再二三一条二項四号）。最低弁済額相当額を弁済額として再生計画案を作成する場合には、この最低弁済額相当額三〇〇万円をB社とC社の再生債権に割り付けることになり、弁済率は二〇％（三〇〇万円÷（八〇〇万円＋七〇〇万円））ということになります。そして、A社の再生債権を自認債権として扱う場合には、A社に対してもB社、C社に対する弁済率と同じ弁済を行うこととなることから、A社に対しても一〇〇万円（五〇〇万円×二〇％）の弁済をすることとなります。したがって、結局、四〇〇万円の弁済を行わなければならないこととなります。

これに対し、最低弁済額相当額三〇〇万円をA社、B社及びC社の再生債権に割り付ける再生計画案は不適法なものとなってしまいます。すなわち、最低弁済額相当額三〇〇万円をA社、B社及びC社の再生債権に割り付けた場合には、弁済率は一五％（三〇〇万円÷（五〇〇万円＋八〇〇万円＋七〇〇万円））となり、B社に対して一二〇万円、C社に対して一〇五万円の弁済を行うことになって、B社及びC社に対する弁済総額（基準債権に対する弁済総額）は二二五万円ということになりますが、これは、B社とC社の再生債権（基準債権）の合計額である一五〇〇万円から算出される最低弁済額である三〇〇万円を下回ることになってしまい、民事再生法二三一条二項四号の不認可事由に当たることとなります。これは、自認債権を含めて最低弁済額相当額の割り付けを行うことによって、基準債権に対する弁済が希薄化することで生じるものであり、これを避けるためには、自認債権については、基準債権から算出される最低弁済額相当額のいわば外枠で処理をしなければなりません。

(エ) 自認債権としなかった場合

債権者一覧表に記載がなく、届出もなかった再生債権が存在することを認識しながら、これを自認債権としなかった場合には、当該再生債権は再生計画に基づく弁済期間内に弁済することはできず、同期間満了後に一般的基準に従った権利変更後の再生債権の全額について弁済期が到来します。また、このような場合、再生計画の不認可事由（民再一七四条二項一号）となる場合もあり得るところですので、注意が必要です。

2 共益債権

(1) 意義

共益債権とは、原則として、再生手続開始後の原因に基づいて生じた請求権であって、手続を遂行する上で要した費用及び再生債務者の業務の維持・継続のために要した費用など、手続上の利害関係人の共同利益のためになされた行為により生じた請求権一般の総称です。具体的には、民事再生法一一九条に列挙されているようなものがこれに当たります。共益債権については、再生債権に先立って、再生手続によらないで随時弁済を受けることができます（民再一二一条一項、二項）。

⑵　第三者が共益債権を代位弁済して原債権を取得した場合に、原債権を再生手続によらないで行使することの可否

　再生手続中に共益債権である原債権を再生債務者以外の第三者が弁済して任意代位、法定代位（民四九九条、五〇〇条）した場合、当該第三者は求償権を取得するとともに、当該求償権の範囲内で原債権を行使することができます（民五〇一条）。この第三者が取得する求償権は再生債権に当たると解されますが、第三者は、原債権を求償権の範囲内でしか行使し得ないことから、本来は共益債権である原債権についても再生手続によらなければ行使することができないのかどうかが問題となります。

　この点、最判平成二三年一一月二四日民集六五巻八号三二一三頁は、第三者が共益債権を代位弁済した事案において、弁済による代位の制度趣旨が、原債権を求償権を確保するための一種の担保として機能させることにあることに鑑みれば、弁済による代位により民事再生法上の共益債権を取得した者は、同人が再生債務者に対して取得した求償権が再生債権にすぎない場合であっても、再生手続によらないで前記共益債権を行使することができるとしました。この判決によれば、弁済による代位により共益債権を取得した者は、その共益債権が何であるかによらず、再生手続によらないで共益債権を行使できると解されます。

3　一般優先債権

(1)　意義

一般優先債権とは、一般の先取特権その他一般の優先権がある債権（共益債権であるものを除く。）をいいます（民再一二二条一項）。一般優先債権となる債権は、破産法において優先的破産債権となる債権とほぼ一致しますが、例えば、租税債権や手続開始前三か月間の破産者の使用人の給料など、民事再生法において一般優先債権とされている債権の一部が破産法では財団債権となっている場合があります。一般優先債権については、再生手続によらないで随時弁済を受けることができます（民再一二二条二項）。

(2)　第三者が一般優先債権を代位弁済して原債権を取得した場合に、原債権を再生債権によらないで行使することの可否

一般優先債権についても、共益債権で前記検討したものと同様の問題があります。共益債権に関して挙げた前記最高裁判決が示した法理によれば、一般優先債権についても、共益債権の場合と同様に考えることとなり、弁済による代位により一般優先債権を取得した者は、再生手続によらないで当該一般優先債権を行使することができるものと解されます。

もっとも、租税債権を第三者が納付した場合には、原債権を行使する前提として、そもそも租税債権が当該第三者に移転するのかという問題があります。国税通則法四一条二項は、第三者が租税債権を納付した場合、抵当権につき国に代位することができる旨を規定していますが、その趣旨は、国税の効力として国が有していた権利（例えば優先権や滞納処分の執行権）につき一般私人が代位することを認めることはできず、人的担保についても、その執行方法が滞納処分による等の特異な内容を含むため、同様に代位が認められず、そのような障害のない抵当権に限り代位を認めることにしたものと解されます。このような国税通則法四一条二項の趣旨から、租税債権の移転を否定する見解が有力です。

第四章　個人再生手続における財産評定及び清算価値の算定

1　財産評定及び財産目録の作成・提出

(1)　財産評定の意義

再生債務者は、再生手続開始後、遅滞なく、再生債務者に属する一切の財産について再生手続開始の時における価額を評定しなければなりません（民再一二四条一項）。これを「財産評定」といいます。

再生債務者は、財産評定を完了したときは、直ちに、再生手続開始時の財産目録を作成し、裁判所に提出する必要があります（民再一二四条二項）。なお、個人再生手続では、手続が簡略化されており、通常の再生手続において要求されている貸借対照表の作成及び提出は不要です（民再二二八条、二四四条）。

再生債務者が作成する再生計画案は、後述のとおり、清算価値保障原則を満たしている必要があり（民再一七四条二項四号、二三一条一項、二四一条二項二号）、これを判断するには、再生債務者の財産の状況について正確に把握することが必要です。そして、財産評定をふまえて作成される財産目録は、清算価値保障原則を満たしているか否かを判断する重要な資料ですから、再生債務者の財産を正確に記載する必要があります。財産目録に記載すべき財産を記載せず、又は不正の記載をした場合には、再生手続の廃止決定がされることがありますので（民再二三七条二項、二四四条）、的確な資料に基づいて正確に財産目録を作成することが求められています。

(2) 財産目録の作成及び提出

ア　財産目録の作成

財産評定の対象となる財産は、「再生債務者に属する一切の財産」です。実際に財産評定を行う場合は、各裁判所で用意されている財産目録の書式等の項目を参考にするなどして、再生債務者の財産を網羅的に調査した上で、その内容を具体的に把握する必要があります。

東京地裁破産再生部において用意している財産目録は、①現金、②弁護士預り金、③預金・貯金、④公的扶助（生活保護、各種扶助、年金など）の受給、⑤報酬・賃金（給料・賞与など）、⑥退職金請求権・退職慰労金、⑦貸付金・売掛金等、⑧積立金等（社内積立、財形貯蓄、事業保証金など）、⑨保険（生命保険、傷害保険、火災保険、自動車保険など）、⑩有価証券

（手形・小切手、株券、転換社債）、ゴルフ会員権など、⑪自動車・バイク等、⑫過去五年間において購入した購入価格が二〇万円以上の物（貴金属、美術品、パソコン、着物など）、⑬過去二年間に処分した評価額又は処分額が二〇万円以上の財産（不動産の売却、自動車の売却、保険の解約、定期預金の解約、ボーナスの受領、退職金の受領、敷金の受領、離婚に伴う給付など）、⑭不動産（土地・建物・マンション）、⑮相続財産（遺産分割未了の場合も含む。）、⑯事業設備、在庫品、什器備品等、⑰その他、回収が可能となる財産（敷金、過払金、保証金など）の項目毎に、必要な記載事項及び提出すべき資料を指摘しています（財産目録及び財産目録等チェックリストの詳細については、個再の手引二版Q48参照）。

イ　財産目録の提出

再生債務者の財産目録は、再生手続開始の申立書の添付書面とされています（民再規一四条一項四号）。

もっとも、東京地裁破産再生部では、再生手続開始の申立ての際に提出すべき書類を大幅に簡素化しており、財産関係に係る提出書面は、収入一覧及び主要財産一覧で足りるものとしています。そして、民事再生法一二四条二項規定の財産目録については、同法一二五条一項各号所定の事項を記載した報告書とともに、再生手続開始決定から六週間以内に提出することを求めています。財産目録を申立て時に申立書の添付書面として提出している場合、その後、再生債務者の財産の内容について財産目録の記載と異なる状況となったときは、その旨の報告書と変更後の財産目録を提出する必要がありますが、財産の内容に変更がないときは、申立て時に提出した財産目録の記載を引用する旨の記載がされた報告書を提出すれば足り、改めて財産目録を作成して提出する必要はありません。

2　清算価値保障原則

(1)　清算価値保障原則の意義

清算価値保障原則とは、再生計画の弁済率が破産した場合の配当率以上でなければならないという原則のことです。個人再生手続は、再生債務者に、財産の管理処分権や業務遂行権を委ねたまま、その財産及び収入により、原則三年間（最長五年間）の長期にわたる分割弁済をして、残債務の免除を受けるものですから、再生債権者にとっても、これを受け入れるだけの利益があることが必要です。そのため、少なくとも破産した場合の配当率以上の弁済をしなければならず、再生計画の弁済率が破産した場合の配当率を下回ったときは、その再生計画は、民事再生法一七四条二項四号の「再生計画の決議が再生債権者の一般の利益に反するとき」、同法二四一条二項二号の「再生計画が再生債権者の一般の利益に反するとき」に該当し、再生計画の不認可事由になるものと解されています。

再生計画が清算価値保障原則を満たしているかどうかは、再生計画の弁済額と破産手続による場合の予想配当額のほか、手続に要する時間の長短、費用の多寡、財産換価の難易、履行の確実性などを総合的に考慮して判断されることになるものと考えられます（条解民再三版九二二頁）。

なお、当然のことながら、再生計画において、清算価値保障原則は、最低弁済額要件（民再二三一条二項三号、四号、二四一条二項五号）とは別に満たす必要があります。

(2) 清算価値算定の基準時

清算価値の算定の基準時をどの時点にするかについては、申立て時、開始決定時、再生計画認可時など、いくつかの考え方があり得ます。前述のとおり、清算価値保障原則が再生計画認可の要件となっていること、個人再生手続における再生計画の取消しを定めた民事再生法二三六条、二四二条が、再生計画認可決定があった時点における清算価値と計画弁済総額とを比較していることなどから、再生計画認可時を基準とする考え方が一般的です。

そのため、再生計画案を作成するにあたっては、開始時を基準とした財産評定について、開始後の財産状況の変動がないかを確認し、再生計画認可時の清算価値を的確な資料に基づいて正確に把握し、再生計画案が清算価値保障原則を満たすように留意する必要があります。

例えば、再生債務者が、再生手続開始決定の後に、退職して退職金を受領した場合、相続財産を取得した場合、市場の変動により株式等の資産の評価額が大きく変動した場合などや、余剰のある住宅について再生手続開始決定後も一部弁済許可を得て弁済を継続したことにより余剰価値が大きくなる場合などは、注意が必要です。

(3) 清算価値算定の評価基準

清算価値を算定するための評価基準は、原則として、財産を処分するものとする処分価額によります（民再規五六条一項本文）。不動産がある場合、その評価次第で清算価値が大きく変動する可能性があり、不動産の評価基準・手法等が問題になることがありますが、この点については後記４で詳述します。

3　清算価値算定上の諸問題

(1) 破産手続における換価等との均衡

個人再生手続における清算価値の算定では、破産手続において財産を換価・配当等する場合との均衡を考慮する必要があります。

ア　個人破産手続における換価基準との関係

東京地裁破産再生部では、在京三弁護士会との協議に基づき、個人破産手続における換価基準を定めており、①法定自由財産である現金九九万円、②合計金額が二〇万円以下である預貯金、③合計金額が二〇万円以下である保険解約返戻金、④処分見込価額合計が二〇万円以下である自動車・バイク、⑤居住用家屋の敷金債権、⑥電話加入権、⑦支給見込額の八分の一相当額が二〇万円以下である退職金債権、⑧支給見込額の八分の一相当額が二〇万円を超える退職金債権の八分の七、⑨家財道具、⑩差押えが禁止されている動産又は債権、については換価不要とする扱いとしています。そのため、前記①から⑩については、個人再生手続における清算価値にも算入しなくてよいとする運用です。一方、それ以外の財産については、総額が二〇万円以下であっても清算価値に算入する必要があります。

イ　直前現金化について

前記①の現金に関して、再生債務者の生活状況その他の事情に照らして、再生手続開始の申立て直前に、清算価値を下げるためだけの目的で他の財産を現金化したと認められるような不合理な換金行為があった場合は、現金化前の財産状況を前提に清算価値を算定することが検討されるべきと思われますが、そうでない限り、原則として、九九万円までの現金については、直前現金化があっても、清算価値に算入しないのが東京地裁破産再生部の運用です。

ウ　保険の清算価値

保険（共済を含みます。）の清算価値については、原則として、解約返戻金の見込額により評価します。この保険の解約返戻金については、生命保険、医療保険、学資保険、損害保険、個人年金等の名称を問わず合算して二〇万円を超える場合は全額を清算価値算定の対象とする運用です。

なお、いわゆる契約者貸付けが行われている場合は、契約者貸付けを解約返戻金の前払いと考えて、契約者貸付金額を控除した返戻金額を清算価値として算入する運用です。この算定方法を前提とすると、契約者貸付けが行われている場合であっても、契約者貸付けをしている保険会社を債権者一覧表に記載する必要はありません。

エ　借地の保証金、事業用店舗等の保証金

清算価値算定の対象外とされている前記⑤の居住用家屋の敷金と異なり、借地の保証金については、家屋の敷金に比して高額で譲渡も可能であることなどから、借地契約の残存期間や契約内容等を考慮し、中間利息を控除した現在価値を算定して清算価値に算入する扱いです。また、居住用家屋ではない事業用の店舗等の保証金についても、清算価値に算入する扱いです。定期借地権の保証金については、事案に応じて慎重な検討が必要です（個再の手引二版Q55参照）。

オ　退職金

前述のとおり、清算価値の算定基準時を再生計画認可時と考えるため、退職時と再生計画認可時の時的関係によって、①再生計画認可時までに退職しない場合は、破産手続と同様に、現実化していない退職金請求権として、支給見込額の八分の一相当額が二〇万円を超える場合は同額を清算価値に算入するが、二〇万円以下である場合は算入しない、②再生計画認可時に退職して退職金請求権が現実化しているが受領していない場合は、支給予定額の四分の一相当額が二〇万円を超える場合は同額を清算価値に算入するが、二〇万円以下である場合は算入しない、③再生計画認可時までに退職金を受領している場合は、受領後の態様に応じて、現金又は預貯金等として扱われ、その換価基準に応じて清算価値の算定を行うことになります。

なお、企業年金については、差押えが禁止されている場合があり、その場合は清算価値の算定対象とはなりません。

再生債務者に勤務先からの借入れがあり、勤務先が退職金と相殺する合意や質権設定等を主張している場合は、その主張が認められるかどうかを資料等に基づき検討する必要があり、主張が認められる場合の清算価値の算定方法についても検討を要します（個再の手引二版Q53参照）。

カ　清算価値算出シート

東京地裁破産再生部では、清算価値の算定のため、清算価値算出シートを用意しており、同シートを利用して清算価値を漏れなく正確に算定した上で、同シートを提出することを求めています。

(2)　自由財産の範囲の拡張との関係

破産手続には、自由財産の範囲の拡張の制度（破三四条四項）があり、個人再生手続における清算価値の算定において、自由財産の範囲の拡張の可能性を考慮することができるかという問題があります。

この点、前述のとおり、前記(1)アの換価基準において換価しないとされる財産に該当しないものについては、全て清算価値の算定対象に含めるのが相当と考えられます。なぜなら、破産手続において自由財産の範囲の拡張の判断をする際には、総債権者を代表する立場にある破産管財人の意見を聴かなければならないとされていますが（破三四条五項）、個人再生手続においては、破産管財人に相当する機関が存在しないからです。なお、個人再生委員は、破産管財人と違って、総債権者を代表するような立場にはありません。ですから、個人再生手続における清算価値の算定において、自由財産の範囲の拡張の裁判があることを前提として清算価値を算定することは相当ではないといえます。

(3)　否認対象行為がある場合

否認対象行為があったと認められる場合でも、個人再生手続では、通常の再生手続とは異なり、否認権の行使は認められていません（民再二三八条及び二四五条による第六章第二節の規定の適用除外）。しかし、否認対象行為があったとき、破産手続の場合には破産管財人が否認権を行使して破産財団を増殖させることによって債権者に対する配当原資とすることができるため、清算価値の算定の場面においては、否認権を行使することにより回復された再生債務者の財産を前提に、清算価値を検討する必要があります。

もっとも、破産手続の場合に否認権を行使したとして回収できる金額等は、事案に応じて異なりますので、どの程度を清算価値の算定において計上すべきかについては、否認権行使が認められる蓋然性、現実の回収可能性の観点から、事案ごとに具体的事情を考慮して判断することになると思われます。

(4) 破産管財人報酬相当額の控除について

破産手続において、破産管財人の報酬は第一順位の財団債権であり（破一四八条一項二号、一五二条二項）、一般債権者に優先して支払われることから、個人再生手続における清算価値の算定において、破産管財人報酬相当額を控除すべきであるとの主張がされることがありますが、東京地裁破産再生部では、この点は考慮しない運用です。破産手続における破産管財人の報酬は、破産裁判所が、管財業務の量や難易度等を考慮して裁量により定めるものですから、このような要素を、個人再生手続における清算価値の算定において考慮することは相当ではないからです。

4　不動産の清算価値の算定

(1)　不動産の評価基準（処分価額）

不動産の清算価値は、処分価額を基準として算定します（民再規五六条一項本文）。ここでいう処分価額とは、破産手続との均衡から、市場において早期に売却する場合の売却価額とするのが相当です。また、不動産に抵当権等の担保権が設定されている場合は、不動産の価額から被担保債権の残額を控除した金額である余剰価値を清算価値として算定します。被担保債権を控除すると余剰が生じない、いわゆるオーバーローン物件については、清算価値はゼロと算定されます。

共有不動産の評価や、土地利用権の評価等が問題となる場合は、個別執行手続である不動産競売手続における評価手法を参考にして算定するのが相当であり、不動産の余剰価値を算定するには、評価対象物件が競売になった場合にどのように配当されるかを参考にして検討することになります（不動産競売手続における不動産等の評価については、東京競売不動産評価事務研究会編『競売不動産評価マニュアル〔第三版〕』（別冊判例タイムズ三〇号）参照）。

(2) 不動産の評価資料（査定書）

不動産の評価額を把握するためには、不動産の評価を示す査定書が必要になります。

東京地裁破産再生部では、再生債務者が不動産を有している場合には、信頼のおける複数の不動産業者の査定書の提出を求めています。例えば、大手の不動産業者二社、又は大手の不動産業者一社と不動産所在地の地元の不動産業者一社、などの組合せです。

査定書の内容としては、近隣の取引事例からの比準価格、公示価格、基準地価格等を参考に査定しているもので、市場における売却価額を示している必要があります。不動産業者間の売買価格を査定額とすることは相当ではありません。また、時折、売り急ぎ減価として早期売却による減額をしているものがありますが、通常の査定書は、比較的早期（三か月程度）に売却された場合の価格を査定額とすることが多いため、売り急ぎ減価をすることにより必要以上に低く評価することになりかねず、相当ではありません。再生債務者は、公平誠実義務（民再三八条二項）を負っていますので、不動産評価を適切に行う必要があります。不適切な内容の査定書を提出して再生債権者から不動産の評価額について疑義を持たれないようにしなければなりません。

(3) 土地利用権の評価

土地利用権の評価について、よく問題となるのは、建物所有者が敷地である土地に対して有する土地利用権です。このような土地利用権は、建物に付着する権利として建物の増価要因となる一方、土地が負担する権利として土地の減価要因となります。そのため、建物の評価額は、建物自体の価額に、敷地に対する土地利用権の評価額（借地権価額）を加算した金額となり、その敷地となる土地（底地）の評価額は、土地の価額から借地権価額を控除した金額となります。

借地権価額は、前述のとおり、不動産競売手続における評価手法を参考にして算定することになります。借地権価額は、土地の価額に借地権割合を乗じて算出されますが、借地権割合は、場所等の諸条件によって幅があり、一般的には、賃貸借契約による場合は土地の価額の七割程度、使用借権の場合は土地の価額の一割程度として評価されることが多いと思われます。

建物所有者がどのような土地利用権を有しているかは、それぞれの事案に応じて判断することになります。

なお、時折、再生債務者Aとその妻Bが建物を共有し、Bが敷地を所有している事案において、土地利用権を使用借権として、土地の価額の一割相当額を借地権価額として清算価値を算定している例が見られますが、そのような事案の多くは、土地建物全体が担保に入っていて、不動産競売においては土地建物全体が一括売却（民執六一条）されることになると思われます。そうすると、不動産競売手続における評価上は、法定地上権（民三八八条）が成立することを前提に評価されることになると思われますので、土地利用権を使用借権として算定するよりも再生債務者の建物共有持分の評価額が相当高額になるため注意が必要です。

以上のように、土地利用権の評価は、事案に応じて慎重に検討する必要があります。

(4) 共同抵当の配当方法

前述のとおり、抵当権等が設定されている不動産の余剰価値を算定するには、評価対象物件が競売になった場合にどのように配当されるかを参考にして検討することになりますが、複数の物件が共同抵当となっている場合（共有不動産の全体に抵当権が設定されている場合を含みます。民執四三条二項参照）の配当方法については、注意が必要です。

民法三九二条一項によれば、共同抵当となっている複数の物件について同時配当する場合、各不動産の価額に応じて共同抵当権者の被担保債権を割り付けることとされていますが、共同抵当の目的物の一部に物上保証人所有の不動産が含まれていて同時配当する場合に同条項の適用があるかどうかについては議論があり、見解が分かれています。

というのも、共同抵当の目的物の一部に物上保証人所有の不動産が含まれていて異時配当となる場合に、物上保証人と後順位抵当権者との間の優劣において、民法三九二条二項後段の適用をしない（物上保証人の代位を優先する）とする最高裁判例がある一方、同時配当となる事案について直接判断した最高裁判例がないためです。

この議論については、おおむね、以下の三つの見解があります。

① 民法三九二条一項適用肯定説

共同抵当の目的物の一部に物上保証人所有の不動産が含まれる場合にも民法三九二条一項の適用があるとする見解です（東京地判平二五・六・六判タ一三九五号三五一頁）。この見解によれば、債務者所有不動産と物上保証人所有不動産の価額に応じて被担保債権の負担を按分すべきことになります。

② 民法三九二条一項適用否定説

異時配当において形成された物上保証人優先の判例理論を同時配当の場合にも実現されるよう民法三九二条一項の適用を否定し、まず債務者所有不動産の代価から支払い、不足分を物上保証人所有の不動産から支払うとする見解です（大阪地判平二二・六・三〇判タ一三三三号一八六頁、大阪地判平二六・一二・四判時二二七九号六〇頁）。

③ 折衷説

原則として、民法三九二条一項を適用するが、物上保証人又はその後順位抵当権者から配当期日までに代位権行使の意思表示があった場合には、同項を適用せず、債務者所有不動産の代価から支払に充てるとする見解です（東京地裁配当等手続研究会「不動産配当の諸問題」

二二三頁）。

これらの見解の違いによって、清算価値の算定結果がどのように異なってくるかについては、次の設例で検討してみます。

(5) 設例の検討

【設例1】

再生債務者Aが所有する甲建物は、Bが所有する乙土地上にあり、甲建物と乙土地には、XのAに対する債権を担保するための抵当権が設定されており、共同抵当になっています。Bは、物上保証人の立場です。土地建物全体の評価額は三〇〇〇万円、甲建物の価額が一〇〇〇万円、乙土地の更地価額が二〇〇〇万円、被担保債権の残額が二四〇〇万円です。

甲乙間の土地の利用に関する契約が使用貸借契約である場合、再生債務者A所有の甲建物の清算価値はいくらになるでしょうか。

【検討】

ア　甲建物と乙土地の価額の算定

土地建物全体の評価額である三〇〇〇万円は、①甲建物の価額、②乙土地の利用権価額（借地権価額）、③乙土地の底地価額（乙土地の更地価額から借地権価額を控除したもの）に分けられます。そして、①と②を合わせたものが再生債務者Aに帰属する乙土地利用権付甲建物の評価額となります。

甲乙間の土地の利用に関する契約が使用貸借契約である場合、その借地権価額は、前述のとおり、乙土地の価額の一割程度と評価されることが多いと思われます。

そうすると、再生債務者Aに帰属する乙土地利用権付甲建物の評価額は、一二〇〇万円となり、Bに帰属する乙土地の底地価額は一八〇〇万円と算定されます。

一〇〇〇万円＋二〇〇〇万円×〇・一＝一二〇〇万円

二〇〇〇万円－二〇〇〇万円×〇・一＝一八〇〇万円

イ　共同抵当の配当方法

本設例では、不動産競売手続を前提とすると、通常、Xの共同抵当権の実行により、土地建物は一括売却され、同時配当されることになり、その売却代金の額より被担保債権の残額が少ないため、配当において剰余金が出ることになります。そうすると、配当手続において、剰余金のうち再生債務者Aに対して交付される金額が、再生債務者A所有の乙土地利用権付甲建物の清算価値と考えることができます。

本設例を、前述の各見解に応じて算定すると、次のようになります。

まず、民法三九二条一項適用肯定説によると、Xの被担保債権残額二四〇〇万円は、再生債務者Aに帰属する乙土地利用権付甲建物と物上保証人Bに帰属する乙土地（底地価額）に、一二〇〇万円対一八〇〇万円の負担割合により、割り付けられることになります。

そうすると、再生債務者Aに帰属する乙土地利用権付甲建物の負担が九六〇万円、物上保証人Bに帰属する乙土地（底地価額）の負担が一四四〇万円になります。

二四〇〇万円×一二〇〇万円÷三〇〇〇万円＝九六〇万円

二四〇〇万円×一八〇〇万円÷三〇〇〇万円＝一四四〇万円

結果、再生債務者Aは二四〇万円を、物上保証人Bは三六〇万円を剰余金として受け取ることになると考えられ、再生債務者Aに帰属する乙土地利用権付甲建物の清算価値は二四〇万円と算定されます。

一二〇〇万円－九六〇万円＝二四〇万円

一八〇〇万円－一四四〇万円＝三六〇万円

次に、民法三九二条一項適用否定説によると、Xの被担保債権残額二四〇〇万円は、まず再生債務者Aに帰属する乙土地利用権付甲建物の価額一二〇〇万円から支払われ、不足分を物上保証人Bに帰属する乙土地（底地価額）から支払うことになります。

一二〇〇万円－一二〇〇万円＝〇円

一八〇〇万円－一二〇〇万円＝六〇〇万円

そうすると、再生債務者Aに交付される剰余金はなく、物上保証人Bに対して六〇〇万円の剰余金が交付されることになりますので、再生債務者Aに帰属する乙土地利用権付甲建物の清算価値はゼロと算定されます。

折衷説による場合は、原則として、民法三九二条一項適用肯定説と同様の算定となり、配当期日までに物上保証人Bによる代位権行使の意思表示があったときには、民法三九二条一項適用否定説と同様の算定となります。

東京地裁破産再生部では、執行実務に鑑みて、民法三九二条一項適用肯定説により算定するのが通例ですが、個別判断として、個人再生委員の意見に基づいて、不動産競売の場面において、物上保証人が代位権行使の意思表示をする可能性が高いなどの、個別具体的な事情を考慮し、折衷説的な処理を行った事例もあります。

【設例2】

再生債務者Aと妻Bが共有する甲建物（Aの共有持分二分の一、Bの共有持分二分の一）がBの所有する乙土地上にあり、甲建物と乙土地には、XのAに対する債権を担保するための抵当権が設定されており、共同抵当になっています。Bは、物上保証人の立場です。土地建物全体の評価額は三〇〇〇万円、甲建物の価額が一〇〇〇万円、乙土地の更地価額が二〇〇〇万円、被担保債権の残額が一五〇〇万円です。

この場合、再生債務者Aの甲建物共有持分の清算価値はいくらになるでしょうか。

【検討】

ア　土地建物全体を一括売却する場合

本設例のように、土地建物全部が共同抵当に入っている場合は、土地建物全体を一括で売却する方が、より高額で売却することができると思われますので、可能な限り、一括売却（民執六一条）されることが多いかと思われます。そして、土地建物全体を一括売却する場合は、不動産競売手続の評価においては、法定地上権（民三八八条）が成立するものとして評価されると考えられます。

法定地上権が成立することを前提とすると、法定地上権の評価は、乙土地の価額の七割程度と評価されることが多いと思われます。

そうすると、乙土地利用権付甲建物全体の評価額は二四〇〇万円となり、再生債務者Aと物上保証人Bの共有持分割合に応じて、それぞれに一二〇〇万円ずつ帰属することになり、乙土地の底地価額は六〇〇万円と算定されます。

一〇〇〇万円＋二〇〇〇万円×〇・七＝二四〇〇万円

二四〇〇万円×一÷二＝一二〇〇万円

二〇〇〇万円－二〇〇〇万円×〇・七＝六〇〇万円

以上を前提にして、民法三九二条一項適用肯定説で算定すると、Xの被担保債権残額一五〇〇万円は、一二〇〇万円対一二〇〇万円対六〇〇万円の負担割合により、割り付けられることになるため、再生債務者Aに帰属する乙土地利用権付甲建物共有持分の負担が六〇〇万円、物上保証人Bに帰属する乙土地利用権付甲建物共有持分の負担が六〇〇万円、物上保証人Bに帰属する乙土地（底地）の負担が三〇〇万円となります。

一五〇〇万円×一二〇〇万円÷三〇〇〇万円＝六〇〇万円

一五〇〇万円×六〇〇万円÷三〇〇〇万円＝三〇〇万円

結果、再生債務者Aは六〇〇万円を、物上保証人Bは六〇〇万円と三〇〇万円の合計九〇〇万円を剰余金として受け取ることになると考えられ、再生債務者Aに帰属する乙土地利用権付甲建物共有持分の清算価値は六〇〇万円と算定されます。

一二〇〇万円－六〇〇万円＝六〇〇万円

六〇〇万円－三〇〇万円＝三〇〇万円

一方、民法三九二条一項適用否定説によると、Xの被担保債権残額一五〇〇万円は、まず再生債務者Aに帰属する乙土地利用権付甲建物共有持分の価額一二〇〇万円から支払われ、不足分を物上保証人Bに帰属する乙土地利用権付甲建物共有持分及び乙土地（底地）から支払うことになるので、再生債務者Aに交付される剰余金はなく、再生債務者Aに帰属する乙土地利用権付甲建物共有持分の清算価値はゼロと算定されます。

イ　乙土地利用権付甲建物全体を売却する場合

本設例は、Xの被担保債権残額である一五〇〇万円を支払うために、乙土地利用権付甲建物のみを売却する（底地は売らない）ことで足りると考えることもあり得ます。不動産競売においては、超過売却の禁止（民執七三条参照）の観点から、本設例のような事案で、物件所有者の同意がなければ、土地建物全体を売却することなく、土地利用権付建物のみを売却するということになる（民執六一条）と思われるからです。

本設例のように、甲建物がA、Bの共有で、乙土地がBの単独所有で、甲建物及び乙土地全体に抵当権が設定されており、甲建物全体を売却する場合は、アと同様、法定地上権が成立すると考えられるため、乙土地利用権付甲建物全体の評価額は二四〇〇万円となります。もっとも、不動産競売においては、土地建物全体を売却する場合に比して、土地利用権付建物を売却する際は、市場における減価要因があるものとみて、市場性修正として二割程度の減価をすることもあるかと思われます。そうすると、乙土地利用権付甲建物全体の評価額として、二割減価後の一九二〇万円を採用するという考え方もあり得ます。

これらの価額を前提として、再生債務者Aに帰属する乙土地利用権付甲建物共有持分の清算価値を算定すると、民法三九二条一項適用説による場合、市場性減価をしない売却価額（二四〇〇万円）を採用すると、再生債務者Aと物上保証人Bの各持分に七五〇万円ずつ負担が割り付けられることになるため、再生債務者Aが受け取る剰余金は四五〇万円となり、同額が清算価値となります。市場性減価をした売却価額（一九二〇万円）を採用して、民法三九二条一項適用説による場合、再生債務者が受け取る剰余金は二一〇万円となります。一方、民法三九二条一項適用否定説による場合は、いずれの場合も再生債務者に剰余金はなく、清算価値はゼロと算定されます。

ウ　乙土地利用権付甲建物共有持分を売却する場合

本設例の設定を、Xの被担保債権残額が五〇〇万円であったという内容に変更すると、同額を支払うために売却する範囲につき、超過売却禁止の観点から、一括売却することについて物件所有者の同意が得られない限り、再生債務者に帰属する乙土地利用権付甲建物共有持分のみを売却することで足りると判断されることもあると思われます。

本設例のように、甲建物がA、Bの共有で、乙土地がBの単独所有で、甲建物及び乙土地全体に抵当権が設定されており、甲建物A共有持分のみを売却する場合は、法定地上権は成立しません。また、BがAの妻である関係からすると、AB間において乙土地利用に関する賃借権が設定されていることはあまりないと思われます。もっとも、土地建物全体の客観的状況・権利関係からして、甲建物共有持分の評価額に加算される土地利用権の評価は、使用借権の借地権割合よりも高い割合で評価される可能性が高いと思われます。仮に、三割で計算してみると、乙土地利用権付甲建物A共有持分の評価額は八〇〇万円となり、剰余金は三〇〇万円となり、同額が清算価値となります。

一〇〇〇万円＋二〇〇〇万円×〇・三＝一六〇〇万円

一六〇〇万円×一／二＝八〇〇万円

八〇〇万円－五〇〇万円＝三〇〇万円

さらに、先程と同様、不動産競売においては、共有持分のみが売却対象となる場合に、市場性修正として三割程度の共有持分減価をしていることが多いであろうことを考慮すると、乙土地利用権付甲建物A共有持分の評価額につき、五六〇万円を採用するという考え方もあり得ます。そうすると、清算価値は、六〇万円となります。

以上のように、不動産の清算価値を算定する際には、検討すべき論点が多くあり、どのような考え方を採用するかによって清算価値に大きな違いが出てきますので、事案に応じて、清算価値保障原則等の観点から適切な算定であるかを慎重に検討する必要があります。

第五章　個人再生手続における担保権

1　別除権となる担保権

(1)　別除権の意義

再生手続開始の時において再生債務者に帰属する特定の財産上に存する担保権を有する者は、その目的である財産について、別除権を有します（民再五三条一項）。別除権は再生手続によらないで行使することができます（民再五三条二項）。

(2)　民事再生法五三条一項に規定されている別除権

民事再生法五三条一項は、別除権となる担保権として、再生債務者の財産について存する特別の先取特権、質権、抵当権、商法又は会社法の規定による留置権を規定しています。

ア　特別の先取特権

特別の先取特権としては、動産の先取特権（民三一一条以下。不動産の賃貸借、動産の売買等）、不動産の先取特権（民三二五条以下。不動産の工事、不動産の売買等）、船舶先取特権（商八四二条）等があります。

なお、一般の先取特権（民三〇六条以下。共益の費用、雇用関係に基づく給料等）は、別除権とは認められていませんが、再生債務者の財産について一般の先取特権を有する再生債権者は、一般優先債権として再生手続によらないで随時弁済を受けることができます（民再一二二条一項、二項）。

イ　質権

民法上の質権だけでなく、電話加入権質に関する臨時特例法等の特別法に基づく質権も含まれます。質権者は、別除権者として留置的効力（民三四七条）を維持することができ、換価のために質権を実行することもできます。換価の方法は、質権の対象となる財産によって異なります。

ウ　抵当権

民法上の抵当権、根抵当権だけではなく、自動車抵当法等の特別法による抵当権も含みます。

エ　商法又は会社法上の留置権（商事留置権）

商法又は会社法上の留置権（商事留置権）の具体例としては、代理商の留置権（商三一条、会社二〇条）、商人間の留置権（商五二一条）、問屋の留置権（商五五七条、三一条）、運送取扱人の留置権（商五六二条）、運送人の留置権（商五七四条）、船長の留置権（商七四一条二項、七五六条一項）があります。

商事留置権に関しては、破産手続と再生手続とで扱いが異なります。商事留置権は、破産手続では、特別の先取特権とみなされた上で、他の特別の先取特権に劣後するものとされていますが（破六六条一項、二項）、再生手続では、特別の先取特権とみなされることなく、直接的に別除権とされており（民再五三条一項）、特別の先取特権に劣後するとの扱いはなされていません。

2　別除権者の権利行使

(1)　別除権付再生債権の個人再生手続における扱い

別除権は、再生手続によらないで、当該担保権の実行手続に従って権利行使をすることができます（民再五三条二項）。したがって、特別の先取特権、質権及び抵当権等の場合は、担保権の実行としての競売の申立て等をすることができます。

通常の再生手続において、別除権者は、その別除権によって弁済を受けることができない債権の部分（担保不足額）についてのみ、再生債権者としてその権利を行使することができるものとされています（民再八八条。いわゆる不足額責任主義）。個人再生手続における別除権付再生債権も、議決権額及び基準債権額となるのは、別除権の行使によって弁済を受けることができないと見込まれる債権の額（担保不足見込額）であり（民再二三一条二項三号、四号、二四一条二項五号）、債権全額ではありません（個再の手引二版Q72参照）。

(2)　対抗要件具備の必要性

再生手続開始後にされた登記等は、再生手続の関係においては、その効力を再生手続上で主張できないとされていることからすると（民再四五条）、再生債務者は、破産・再生手続における管財人と同様、民法一七七条等に係る対抗問題で第三者的立場に立つと解され、別除権者は、各担保権所定の対抗要件を具備しなければ、別除権を行使することができないと考えられます（破産・民再の実務三版一七一頁）。

この点、最高裁（最判平二二・六・四民集六四巻四号一一〇七号）は、再生債務者Yが販売会社Aから購入した自動車について、信販会社XのYに対する債権（売買代金から下取車の価格を控除した残額の立替金及び手数料の支払債権）を担保するため、信販会社Xに当該自動車の所有権を留保する旨の合意が三者間でなされ、その後、当該自動車について所有者をA、使用者をYとする新規登録がなされた事案において、所有権留保が再生手続において別除権として扱われることを前提として、再生手続が開始した場合において再生債務者の財産について特定の担保権を有する者の別除権の行使が認められるためには、個別の権利行使が禁止される一般債権者と再生手続によらないで別除権を行使することができる債権者との衡平を図るなどの趣旨から、原則として再生手続開始の時点で当該特定の担保権につき登記、登録等を具備している必要があるのであって（民再四五条参照）、当該自動車につき、再生手続開始の時点でXを所有者とする登録がされていない限り、販売会社Aを所有者とする登録がなされていたとしても、Xが、前記債権を担保するため、前記三者合意に基づき留保した所有権を別除権として行使することは許されない旨を判示しています。

3 非典型担保と別除権

(1) 個人再生手続における非典型担保権の扱い

民事再生法五三条一項は、再生債務者の財産について存する特別の先取特権等が別除権となることを定めていますが、同項は、別除権の対象をこれらに限定する趣旨ではなく、明文（仮登記担保契約に関する法律一九条三項）で規定されている仮登記担保以外の非典型担保が別除権として取り扱われるか否かは解釈に委ねられています。そして、個人再生手続においては、非典型担保についても別除権の対象となるものと考えられています。

(2)　各非典型担保の扱い

ア　所有権留保

所有権留保とは、売買契約上、売買代金の完済前に売主が買主に対して売買目的物を引き渡すものの、その所有権は代金完済まで売主に留保することとするものです。このような所有権の留保は代金債権を確保するためのものですから、倒産手続においては、留保所有権を担保権として扱うのが通説です。前掲最判平二二・六・四も、再生手続において、留保所有権が別除権として扱われることを前提に判示しています。

所有権留保売主は、留保所有権を別除権として行使する場合、目的物の引渡しを求め、目的物の時価と残債権の差額を清算することとなります。

イ　ファイナンス・リース

ファイナンス・リース契約とは、目的物件をその事業活動のために使用する者（ユーザー）が、リース会社に対してリースの申込みをし、リース会社は、目的物の所有者（サプライヤー）から目的物を買い受けて、これをユーザーに使用させ、その対価としてリース料の支払を受けて、サプライヤーからの買受資金を回収した上で、一定の利潤を上げようとするものです（伊藤・破産民再四版四〇三頁）。ファイナンス・リース契約のうちいわゆるフルペイアウト方式とは、リース期間完了時にリース物件に残存価値が生じないものとして、リース会社がリース期間中に物件購入代金その他の全額を回収できるようにリース料が設定されているものをいいます。

フルペイアウト方式のファイナンス・リース契約におけるリース会社の有する権利については、担保権と解するのが一般的で、再生手続の実務上も別除権として扱われています（個再の手引二版Q64）。

4 別除権協定

(1) 別除権協定の意義等

別除権は再生手続外で随時行使することができますので（民再五三条二項）、個人事業者である再生債務者が事業を行う上で必要な資産に別除権が設定されている場合、別除権が行使されると、事業の継続に支障を来たし、確実性を持った再生計画を図ることができず、再生を図ることが困難となるおそれが生じます。そこで実務上、別除権の行使を回避するため、再生債務者と別除権者との間で別除権の扱いについて合意をすることが行われており、このような合意を別除権協定と呼びます。

別除権協定は、再生債務者と別除権者との間における私法上の契約により成立するもので、個人再生手続においても、通常の再生手続と同様に、民事再生法に抵触しない限り可能であると考えられています（個再の手引二版Q65）。

別除権協定を締結するか否かは別除権者の自由ですので、別除権者が応じなければ別除権協定は締結できません。

別除権協定は、別除権の目的物の担保価値を評価し、再生債務者が別除権者に対し再生計画とは別にその評価額相当の額を分割等により弁済し、これが完了した場合には別除権である担保権を抹消すること等を合意するのが通例です。この場合、別除権協定は別除権の目的である財産の受戻し（民再四一条一項九号）の合意としての意味を持つことになります。

別除権協定に基づく別除権者の再生債務者に対する受戻代金請求権の法的性質については、共益債権とする見解（共益債権説）と再生債権とする見解（再生債権説）とがあります。共益債権説は、別除権協定に基づく受戻代金請求権を、再生債務者が別除権者との間で締結した新たな合意に基づいて生じる共益債権と解します。一方、再生債権説は、再生債権を当事者間の合意によって共益債権とすることに疑問を呈し、別除権協定は、「別除権の目的である財産の受戻し」の一種であり、別除権協定に基づく受戻代金請求権は、裁判所の許可（民再四一条一項）を得ることによって「この法律に特別の定めがある場合」（民再八五条一項）に該当し、再生債権の弁済禁止の例外として弁済が許されるものと解します。

このように別除権協定に基づく受戻代金請求権の法的性質については争いがあるものの、

別除権協定は、あくまで再生債務者と別除権者との間の私法上の契約であることから、これにどのような効果を認めるかは、契約当事者間の合理的意思を解釈して、当該別除権協定の内容を認定・評価する必要があるところであり（最判平二六・六・五民集六八巻五号四〇三頁参照）、東京地裁破産再生部では、特定の立場によることなく事案に応じた柔軟な対応をすることとしています（個再の手引二版Q65）。

(2) リース料債権と別除権協定

再生債務者が個人事業者である場合、リース業者との間で事業用の機械や自動車等についてリース契約を締結している場合があります。未払のリース料債権の法的性質については議論のあるところですが、実務上は、ファイナンス・リースの金融的側面を重視し、別除権付債権と考えるのが一般的です。そこで、再生債務者が事業の継続に必要なリース物件の引揚げを回避するため、リース業者との間で、再生債務者が別除権者に対して、担保目的物であるリース物件又はその残存リース期間の利用権の評価額相当額を支払い、リース物件を受け戻すことを内容とする別除権協定を締結することが考えられます。

前記4(1)のとおり、別除権協定に基づく受戻代金請求権の法的性質については争いがありますが、いずれの立場によった場合であっても、当該リース物件又はその利用権の受戻しが再生債務者の事業の継続にとって真に必要であるかといった点のほか、担保目的物の担保評価をどうするか、別除権協定に基づく受戻代金の支払によって他の再生債権者の一般の利益を害することはないか（民再二三一条一項、一七四条二項四号、二四一条二項二号）、当該リース物件の使用を継続することにより新たに弁済資金を生み出すことになるか、受戻代金を弁済した場合の再生計画の策定可能性や履行可能性等が問題となる余地があります。この点、通常の再生手続では、監督命令において、監督委員の同意を得なければ再生債務者ができない行為として別除権協定の締結を指定し（民再五四条二項）、これらの問題点について慎重に判断をしていますが、個人再生手続では、監督委員に関する規定は適用されません（民再二三八条、二四五条）。そこで、東京地裁破産再生部では、個人再生手続の開始決定において、再生債務者が行うに当たって裁判所の許可を要する行為として「別除権の目的である財産の受戻し」を指定し（民再四一条一項九号）、再生債務者が別除権協定を締結する際の手続として、前記のような問題点について、個人再生委員と十分に協議してその意見を聴取した上で、裁判所の許可を得ることにしています。裁判所は、このような協議に基づく個人再生委員の意見をふまえて、別除権協定締結の許否を判断しています（個再の手引二版Q65）。

(3)　住宅ローン債権と別除権協定

再生債務者が住宅ローンを利用する場合、借入金を被担保債権とする抵当権を住宅に設定するのが通常ですが、前記1(1)のとおり、再生手続において、抵当権は手続開始後も別除権として自由に行使でき、また、再生計画の効力は担保権に及ばないため（民再一七七条二項）、再生債務者は、住宅に設定された抵当権の実行を回避できず、住宅を保持できなくなります。そこで、民事再生法は、個人債務者が住宅を手放すことなく経済生活の再生を図ることを目的として、住宅資金貸付債権に関する特則を設けています（民再一九六条以下）。

再生債務者は、住宅資金貸付債権（民再一九六条三号）について再生計画に住宅資金貸付債権の弁済の繰延べ等を内容とする住宅資金特別条項を定めることができ（民再一九八条、一九九条）、これを定めた再生計画の効力は住宅や住宅の敷地に設定された抵当権にも及ぶ（民再二〇三条一項）ことから、再生債務者が再生計画に基づく弁済を継続している限り、住宅等に設定されている抵当権の実行を回避することができることになります。

ところが、住宅資金特別条項は、利用できる場面が法定されており（民再一九六条以下）、例えば、再生債務者の住居の床面積の二分の一を超える部分が事業のために使用されている場合（同条一号参照）などは住宅資金特別条項を定めることができません（個再の手引二版Q92）。このような場合に住宅ローン債権を支払う内容の別除権協定を締結することができるかについては議論がありますが、民事再生法は、再生債務者が別除権者と別除権協定を締結することを許容し、住宅ローン債権に関して別除権協定を締結することを明文で禁止していない以上、住宅資金特別条項を利用できない場合においても、再生債務者が別除権者に対して住宅（及び敷地）の評価額相当額を支払い、担保目的物である住宅を受け戻して住宅ローン債権を支払う内容の別除権協定を締結すること自体は許容されているものと考えられます。

前記4(1)のとおり、別除権協定に基づく受戻代金請求権の法的性質については争いがありますが、再生債権説、共益債権説のいずれの立場によった場合であっても、別除権協定に基づいて別除権者に対する再生手続によらない弁済が認められるには、あくまでも別除権受戻代金額が別除権者の把握している担保価値の範囲内にとどまる必要があると解され（伊藤・破産民再四版九六九頁参照）、被担保債権の額が担保目的物たる住宅（及び敷地）の担保評価額の範囲を超える場合、担保価額を超える債権の部分を弁済する内容の別除権協定を締結することは、再生債権の弁済禁止（民再八五条一項）、あるいは債権者平等原則（民再二二九条一項、二四四条）に抵触する可能性が生じます。

東京地裁破産再生部では、住宅資金特別条項を用いることができない場合であっても、担保目的物（住宅等）の評価額が被担保債権額を上回るとき（いわゆるアンダーローンであるとき）には、具体的事案によっては、別除権協定を締結することによって住宅を維持しながら、他の再生債権について弁済を行う内容の再生計画を認可した事例も存在します。具体的に別除権協定を締結するに当たっては、個別の具体的な事案ごとに、担保目的物（住宅等）

の評価額が被担保債権額を上回るか（アンダーローンとなるか）否かといった点のほか、他の再生債権者の一般の利益を害する可能性の有無（民再二三一条一項、一七四条二項四号、二四一条二項二号）、再生計画の策定可能性や履行可能性、住宅を確保する必要性等の問題点を慎重に検討する必要があります。

そこで、前記4(2)のとおり、東京地裁破産再生部では、個人再生手続の開始決定において、裁判所の許可を得なければ再生債務者がすることができない行為として「別除権の目的である財産の受戻し」を指定して（民再四一条一項九号）、別除権協定を締結する際の手続として、前記のような問題点について、個人再生委員と十分に協議をしてその意見を聴取した上、裁判所の許可を必要とする扱いです。そして、再生債務者が住宅ローン債権について別除権協定を締結するに当たっても、その必要性・相当性（担保目的物の価格の評定を含む。）について、個人再生委員と十分に協議し、このような協議に基づく個人再生委員の意見をふまえて、別除権協定締結の許否を判断しています（個再の手引二版Q65）。

5　担保権消滅許可制度

再生手続開始の時において再生債務者の財産上につき担保権が存する場合において、当該財産が再生債務者の事業の継続に欠くことのできないものであるときは、再生債務者等は、裁判所に対し、当該財産の価額に相当する金銭を裁判所に納付して当該財産につき存する全ての担保権を消滅させることについての許可の申立てをすることができます（民再一四八条）。

担保権消滅許可の申立て（民再一四八条一項）は、個人再生手続においても、その適用が除外されていない（民再二三八条、二四五条）ため、住宅ローンを被担保債権とする抵当権が設定されている建物（住宅）について担保権消滅の許可の申立てをすることは、法律上は可能であり、例えば、再生債務者が個人事業者で、自宅において事業を運営している場合には、担保権消滅許可の申立てをすることが考えられます。

もっとも、担保権消滅許可の申立てについては、当該財産が再生債務者の事業の継続に欠くことのできないものであることが許可の要件とされており、さらに、実際に担保権を消滅させるためには、再生債務者が当該財産の価額に相当する金銭を一括して裁判所に納付することが必要です（民再一四八条一項）。個人再生手続においては、再生債務者がそのような金銭を保有していることは考えられませんし、親族等から金銭を調達できる例もまれであると考えられます。したがって、担保権消滅許可の申立てがされるのは、非常に限られた場合になると思われます（個再の手引二版Q93）。

第六章　再生計画案の作成、可決、認可要件

1　再生計画案作成の留意点

(1)　再生計画案の作成及び提出義務

個人再生手続は、再生債権者の個別の権利行使を制限する（民再三九条一項、二項、八五条一項参照）にもかかわらず、再生債務者が依然として財産の管理処分権及び業務遂行権を保持し、手続を追行するＤＩＰ型の手続です（民再三八条一項）。そのため、不誠実な手続追行を防止する必要があり、また、再生手続の迅速性・透明性を確保し、再生債権者らに予測可能性を与える必要もあります。以上の観点から、再生計画案については、提出期間の遵守が強く要請され、再生債務者は、債権届出期間の満了後、裁判所の定める期間内に再生計画案を作成して、裁判所に提出しなければなりません（民再一六三条一項）。再生計画案の作成・提出は、再生債務者に課された義務の一つです（期間内に提出がない場合については、後記(7)

参照)。

再生債務者は、収入を弁済原資として再生債権を原則三年で分割弁済することなどを内容とする再生計画案を作成・提出し、再生債権者による決議(ただし、給与所得者等再生では決議が省略されます。)を経て、裁判所による認可を得ることを目指します。

(2) 再生計画(案)に定めるべき事項

ア　再生計画には、①全部又は一部の再生債権者の権利の変更に関する条項、②共益債権及び一般優先債権の弁済に関する条項、③知れている開始後債権(民再一二三条一項)があるときは、その内容に関する条項を定めなければなりません(民再一五四条一項)。

①権利変更に関する条項では、債務の減免、期限の猶予その他権利の変更の一般的基準を記載する必要があります(民再一五六条)。その詳細は後記(3)を、具体的な条項例は後記**記載例1**を、それぞれ参照してください。②共益債権及び一般優先債権は、再生債権に先立って随時弁済しなければならず、再生債権の将来の弁済可能性に影響を及ぼすため、記載することが求められます(将来弁済すべきものを記載します。民再規八三条)。③開始後債権は、再生計画により権利変更されることはありませんが、破産手続への移行等に備えた再生債権者への情報開示のため、記載することが求められます。

イ　また、再生計画には、必要に応じ、別除権者の権利に関する条項(民再一六〇条一項)

や、住宅資金特別条項（民再一九八条）を定めなければなりません。

(ア)　再生計画案の提出時点で別除権の担保不足見込額が未確定の場合、不足額が確定した場合の権利行使に関する適確な措置を再生計画で定める必要があります（民再一六〇条一項。前記適確な措置を定めた条項を適確条項といいます（後記**記載例2**参照）。）。別除権付再生債権である点を看過して適確条項を定めない再生計画案を提出した場合、不認可事由があることになり（民再二三一条一項、二四一条二項一号、一七四条二項一号）、そのまま提出期限を経過すると手続が廃止になります（民再一九一条二号、二四三条二号）。

再生計画案の提出時点で別除権協定が成立している場合には、①「再生債権に対する弁済方法」の項目に債権者（別除権者）名及び別除権協定が成立している旨を記載する、あるいは②「別除権協定の概要」という項目を別立てするなどして、内容を記載します（②の記載例（車両に対する留保所有権を別除権とした記載例）について、後記**記載例2**参照）。

(イ)　債権者一覧表に住宅資金特別条項を定める意思がある旨の記載をした場合、再生計画案において、住宅資金特別条項を定める必要があります（定めない場合、提出された再生計画案には不認可事由があることになり（民再二三一条二項五号、二四一条二項五号）、手続が廃止になります（民再一九一条二号、二四三条二号）。）。

なお、住宅ローンを抱えている再生債務者が住宅の維持を望む場合、住宅資金特別条項を定め、一般の再生債権とは別枠で住宅ローンの支払を継続することで、住宅を処分することなく債務整理を行うことができるため、実務上、住宅資金特別条項を定める場合が相当数あります。

(3)　権利の変更に関する一般的基準の留意点

ア　再生計画では、まず、再生債権者の権利の変更に関する条項を定めることになります。権利の変更とは、再生債権の元本及び利息・遅延損害金について何パーセントの免除を受けるのかなどといった債務の減免や、どれだけの期間、弁済を猶予するのかという期限の猶予等を意味します。

この条項では、再生計画認可決定の確定により全ての再生債権者の権利がどのように変更されるかを一般的かつ抽象的に示す、一般的基準を定めなければなりません（民再一五六条）。一般的かつ抽象的でなければならないので、特定の再生債権者の氏名や名称を記載したり、対象となる再生債権の範囲を限定したり、返済計画表（民再規一三〇条の二第一項の書面）を引用したりすることはできません（ただし、後記オ参照）。

イ　形式的平等主義について

再生債権者の権利変更の内容は、再生債権者間で平等でなければなりません（民再二二九条一項、二四四条）。ここでいう平等は、形式的平等を意味します（民再二二九条一項、二四四条。二三八条、二四五条による一五五条一項ただし書、二項の適用除外）。すなわち、権利変更の内容は、全ての再生債権者間で一律でなければならず、特定の債権を優遇したり劣後化させたりすることは、原則として認められません。これは、個人再生手続の簡便・迅速性を重視して、形式的平等を貫くことにしたものです。

ただし、例外として、①不利益を受ける債権者の同意がある場合、②少額の再生債権の弁済時期、③民事再生法八四条二項に掲げる請求権（再生手続開始後の利息、再生手続開始後の不履行による損害賠償及び違約金、再生手続参加の費用）については、別段の定めをすることが可能です（民再二二九条一項、二四四条）。

ウ　再生債権に対する弁済方法

期限の猶予については、少額の債権等を除き、①弁済期が三か月に一回以上到来する分割払の方法によること、②最終の弁済期を再生計画認可の決定の確定日から三年後の日が属する月中の日（特別の事情がある場合には、再生計画認可の決定の確定日から五年を超えない範囲内で三年後の日が属する月の翌月の初日以降の日）とすることが求められます（民再二二九条二項、二四四条）。

なお、少額の再生債権の弁済時期については、前記イのとおり、別段の定めをすることができます（詳細は、個再の手引二版Q71参照）。

エ　権利の変更の一般的基準は、①再生債権に対する権利の変更と、②再生債権に対する弁済の方法に分けて記載するのが一般的です（後記**記載例1**参照。その他の記載例については、個再の手引二版Q68を参照してください。）。

オ　以上のとおり、再生計画における権利の変更に関する条項は、一般的かつ抽象的に定められるため、再生債権者にとって、自身が再生計画上どのような弁済を受けることができるのか把握することは容易ではありません。そこで、東京地裁破産再生部では、再生債権者が再生計画案を検討する際の参考資料として、債権者ごとに、再生計画による具体的な返済総額や毎回の返済額等が記載された「再生計画による返済計画表（案）」を添付する扱いとしています（個再の手引二版Q76参照）。

(4)　基準債権額の確定

ア　再生債務者は、再生計画案を作成するに当たり、計画弁済総額を算出しますが、この算出に用いられるのが、基準債権、無異議債権及び評価済債権です。特に、基準債権は、無異議債権等の額の総額が三〇〇〇万円以下である場合に、計画弁済総額の最低基準を画する役割を果たすものであり（後記(5)参照）、再生計画案作成の基礎になるものといえます。

基準債権とは、無異議債権及び評価済債権から、別除権の行使によって弁済を受けることができると見込まれる再生債権及び民事再生法八四条二項に掲げる請求権（開始後の利息等の債権）を除いたものをいいます（民再二三一条二項三号）。

無異議債権とは、一般異議申述期間又は特別異議申述期間を経過するまでに異議が述べられなかった届出再生債権をいいます（民再二三〇条八項）。

評価済債権とは、裁判所が債権評価の手続に従って債権の額又は担保不足見込額を定めた再生債権をいいます（民再二三〇条八項）（基準債権・無異議債権・評価済債権の詳細については、個再の手引二版Q46参照）。

なお、住宅資金貸付債権は、住宅資金特別条項を用いる場合には無異議債権や評価済債権に当たらないので基準債権に含まれませんが、同条項を用いない場合には、別除権付再生債権として担保不足見込額の限度で基準債権に含まれることに注意が必要です（民再二三一条二項三号、二三〇条八項、二二六条五項、二二七条一〇項）。

イ　基準債権額の確定方法

基準債権の額は、それぞれ、債権届出の有無や時期により、次のように確定していきます。

(ア)　債権届出がされていない債権

みなし届出（民再二二五条、二四四条）を前提として手続が進行するので、異議申述がない限り、債権者一覧表記載の債権額で確定します。異議申述がある場合で、評価の申立てがあったときは評価決定で定めた額で、評価の申立てがないときは再生債務者が債権認否で認めた債権額（ただし、当該債権が有名義債権等であるときは、債権者一覧表記載の債権額（民再二二七条二項、二四四条））で、それぞれ確定します。

(イ)　債権届出期間内に債権届出がされた債権

当該債権について、異議申述がない限り、債権届出書に記載された債権額で確定します。異議申述がある場合は、前記(ア)と同様に、評価の申立てがあったときは評価決定で定めた額で、評価の申立てがないときは債権認否で認めた債権額（ただし、当該債権が有名義債権等であるときは、債権届出書記載の債権額（民再二二七条二項、二四四条））で、それぞれ確定します。

(ウ)　債権届出期間経過後、債権届出がされた債権

債権届出期間経過後に届け出られた再生債権は、原則として、劣後的な扱いを受ける債権となり（民再二三二条三項本文、二四四条）、基準債権額には含まれません。

(エ)　なお、再生手続開始決定日以降の利息・損害金や自認債権（自認債権の詳細は、個再の手引二版Q43を参照してください。）は、基準債権額には含まれません（民再二三一条二項三号、八四条二項）。

ウ　具体例

中立書添付の債権者一覧表に、四つの債権（A債権一〇〇万円、B債権三〇〇万円、C債権二〇〇万円、D債権一〇〇〇万円）が記載されていたとします。このうちC債権は、別除権付債権であり、担保不足額が二〇万円であったとします。また、D債権は、住宅ローン債権であり、住宅に抵当権が設定され、担保不足額が三〇〇万円であったとします。そして、この四つの債権のうち、B債権についてのみ三一〇万円の債権届出が債権届出期間内にされたとします（いずれも異議申述はない前提です。）。

基準債権額に含まれるのは、A債権については、債権届出がなく、異議申述もないため、債権者一覧表の記載額である一〇〇万円となります。B債権については、債権届出があり、異議申述がないため、届出債権額である三一〇万円となります。C債権については、債権届出がなく、異議申述もないですが、別除権付債権ですので、担保不足見込額である二〇万円となります。D債権については、住宅資金特別条項を用いる場合には基準債権額に含まれませんが、これを用いない場合には担保不足見込額の三〇〇万円が基準債権額に含まれることとなります。

以上から、本設例の基準債権額は、住宅資金特別条項を用いる場合には四三〇万円（一〇〇万円＋三一〇万円＋二〇万円）となり、住宅資金特別条項を用いない場合には七三〇万円

（一〇〇万円＋三一〇万円＋二〇万円＋三〇〇万円）となります。

⑸　計画弁済総額の算出

計画弁済総額とは、基準債権に対する再生計画に基づく弁済の総額をいい（民再二三一条二項三号）、基準債権の総額に弁済率を乗じた金額を指します。

計画弁済総額は、次のアとイのうち、いずれか高い額でなければなりません。また、給与所得者等再生においては、このことに加え、特有の要件（後記ウ）があります。

ア　清算価値保障原則（民再二三一条一項、一七四条二項四号、二四一条二項二号、二〇二条二項一号）

再生計画の弁済率が、債務者が破産した場合の配当率を上回る必要があります（清算価値保障原則の詳細は、第四章を参照）。

イ　最低弁済額要件（民再二三一条二項三号、四号、二四一条二項五号）

個人再生手続では、破産配当率が低い場合でも、ある程度実質的な弁済を要求する趣旨で最低弁済額基準を設けています。最低弁済額は、無異議債権の額及び評価済債権の額の総額（民再二三一条二項二号）と、基準債権の総額（民再二三一条二項三号）に基づいて定まります。これをまとめると、次の表のとおりとなります。

㈠ 無異議債権及び評価済債権の総額が3000万円以下の場合

	基準債権額	最低弁済額
①	100万円未満	基準債権額
②	100万円以上500万円未満	100万円
③	500万円以上1500万円以下	基準債権の5分の1
④	1500万円超3000万円以下	300万円

㈡ 無異議債権及び評価済債権の総額が3000万円超5000万円以下の場合

無異議債権及び評価済債権の総額の10分の1

ウ　給与所得者等再生の特有の要件

給与所得者等再生においては、計画弁済総額が、可処分所得の二年分以上である必要があります（民再二四一条二項七号）（可処分所得額については後記4(2)イ(ウ)のほか、その詳しい算定については、個再の手引二版Q98を参照してください。）。

エ　具体例

無異議債権の額が一七〇万円（うち民事再生法八四条二項各号に定める請求権三万円）、評価済債権の額が九万円、住宅ローン・別除権付債権なし、清算価値四〇万円、可処分所得の二年分一三〇万円という事例を想定します。

基準債権額は一七六万円（一七〇万円＋九万円－三万円）であり、上記イ(ア)の表でいうと一〇〇万円以上五〇〇万円未満に当たるので、一〇〇万円が最低弁済額要件に基づく額となります。また、これは、清算価値

（四〇万円）を上回ります。以上から、小規模個人再生の場合には、計画弁済総額は一〇〇万円以上となります。他方、給与所得者等再生の場合には、可処分所得の二年分一三〇万円が前記一〇〇万円を上回りますので、計画弁済総額は一三〇万円以上でなければなりません。

(6) 弁済期間

個人再生手続における弁済期間は、再生計画認可決定の確定日から、原則として三年間です。ただし、「特別の事情」がある場合には、最大五年の範囲で三年を超える弁済期間を定めることができます（民再二二九条二項二号、二四四条）。

一般的には、民事再生法が要求する弁済総額と再生債務者の収入とを比較し、三年の弁済期間では再生計画の履行が困難であるという具体的な事情があれば、「特別の事情」があるといえます。例えば、再生債務者に安定した将来の継続的な収入を得られる見込みがあるものの、その収入から再生債務者の生活費、子どもの教育費、家族の医療費などを差し引くと、三年間では、民事再生法の要求する弁済総額（清算価値保障原則を満たし、民事再生法二三一条二項三号、四号の最低弁済額要件を満たすもの。給与所得者等再生では、民事再生法二四一条二項七号の要件も満たすもの。）を支払うことが困難な場合などが挙げられます。

東京地裁破産再生部では、民事再生法が再生債務者の経済生活の再生を図ることを目的としている趣旨に鑑み、提出された上申書に記載された事情を考慮して、前記「特別の事情」を広く認める運用をしています。とはいえ、弁済期間が長期になると、再生債務者の意欲が減退し、弁済が途中で挫折して完済が難しくなるという指摘もされています。再生債務者代理人は、このような事情を考慮しておく必要があります。

(7) 再生計画案の提出時期

再生債務者は、裁判所の定める期間内に、再生計画案を作成して裁判所に提出しなければならず（民再一六三条一項）、期間内に裁判所に再生計画案の提出がないときは、再生手続が廃止されます（民再一九一条二号、二四三条二号）。再生計画案の提出期限の末日は、特別の事情がある場合を除き、一般異議申述期間の末日から二か月以内の日とされ（民再規八四条一項、二三〇条、二四〇条）、再生手続開始決定と同時に定められます。東京地裁破産再生部の標準スケジュールでは、再生計画案提出期限は、再生手続開始決定から一四週間後（申立てから一八週間後）とされています。東京地裁破産再生部では、提出期間内の提出を厳格に求めています。

ただし、再生債務者が、前記期間内に再生計画案を裁判所に提出できない旨及びその理由を明らかにして、再生計画案提出期間の伸長の申立て（民再一六三条三項）をした場合には、これが認められる可能性があります（どのような場合に期間伸長の申立てが認められるかは、個再の手引二版Q79参照）。

2　再生計画案の決議又は意見聴取

(1)　小規模個人再生における書面決議

小規模個人再生における再生計画案の決議は、通常の再生手続と異なり、債権者集会を開かず、専ら書面決議のみで行われます（民再二三〇条三項、四項）。

裁判所は、書面決議に付する旨の決定（付議決定）をし、その旨を官報公告し、かつ、議決権者となる再生債権者に対し、再生計画案に同意しない者は裁判所の定める期間内に書面でその旨を回答すべき旨を記載した書面を送付して通知します（民再二三〇条四項）。再生債権者は、再生計画案に同意しない場合、裁判所に対して不同意回答書を提出します。

小規模個人再生では、債権者の賛成という積極的同意ではなく、不同意の債権者が半数を超えない限りは可決されたとみなすという、いわゆる消極的同意の方式が採用されています。そのため、再生計画案に同意しない旨を回答した議決権者が議決権者総数の半数に満たず、かつ、その議決権の額が議決権者の議決権の総額の二分の一を超えない限り、再生計画案は、可決されたものとみなされます（民再二三〇条六項）。

(2) 給与所得者等再生における意見聴取

給与所得者等再生においては、再生計画案の決議がそもそも行われません（最低弁済額要件を満たすこと及び再生債務者の可処分所得の二年分以上の額を弁済原資とすることを条件として、再生計画案の再生債権者による決議を省略することとされています。）。

ただし、届出再生債権者には、意見聴取により不認可事由の存否について意見を述べる機会が保障されています（民再二四〇条）。裁判所は、提出された意見を踏まえ、不認可事由がないか判断し、これが認められなければ再生計画認可の決定をします。

(3) 住宅資金特別条項を定めた場合の意見聴取等

住宅資金特別条項を定めた再生計画案の決議に関し、当該特別条項によって権利の変更を受けることとされている者及び保証会社は、住宅資金貸付債権又は住宅資金貸付債権に係る債務の保証に基づく求償権について、議決権を有しません（民再二〇一条一項）。そこで、権利保護の措置として、住宅資金貸付債権に関する特則では、住宅資金特別条項による権利の変更の内容が厳格に法定されています（民再一九九条）。

また、住宅資金貸付債権者は、住宅資金特別条項によって権利の変更を受けるため、認可要件を満たさない再生計画が誤って認可されると不利益を受けるおそれがあります。そこで、裁判所は、住宅資金特別条項を定めた再生計画案が提出された場合には、住宅資金貸付債権者の意見を聴取しなければなりません（民再二〇一条二項）。

3　裁判所による再生計画の認可の決定

(1)　小規模個人再生の場合

裁判所は、再生計画案が可決された場合、不認可事由（後記4参照）があるときを除き、再生計画認可の決定をします（民再二三一条一項）。

(2)　給与所得者等再生の場合

裁判所は、債権者から再生計画案について不認可事由の有無に係る意見を聴取し、民事再生法二四〇条二項により定められた期間が経過した場合、不認可事由（後記4参照）があるときを除き、再生計画認可の決定をします（民再二四一条一項）。

4　再生計画の不認可事由

(1)　小規模個人再生の場合

ア　小規模個人再生も、再生手続の一つですので、通常の再生手続における不認可事由（民再一七四条二項。住宅資金特別条項を定める場合は民再二〇二条二項）がそのまま適用されます（民再二三一条一項、二三八条）。

通常の再生手続における不認可事由（民再一七四条二項）とは、①再生手続又は再生計画が法律の規定に違反し、かつ、その不備を補正することができないものであるとき（ただし、前者の場合で違反の程度が軽微な場合はこの限りでない。）、②再生計画が遂行される見込みがないとき、③再生計画の決議が不正の方法によって成立するに至ったとき、④再生計画の決議が再生債権者の一般の利益に反するときを指します。③には、議決権を行使した再生債権者が詐欺、強迫等を受けた場合のほか、再生計画案の可決が信義則に反する行為に基づいてされた場合も含まれます（なお、最決平二九・一二・一九・民集七一巻一〇号二六三二頁参照）。

再生計画で住宅資金特別条項を定める場合、①③④の要件は同一ですが、②履行可能性に関する要件が加重されているほか（詳細は後記(3)参照）、⑤「再生債務者が住宅の所有権又は住宅の用に供されている土地を住宅の所有のために使用する権利を失うこととなると見込まれるとき」という新たな要件が不認可事由に加わります（民再二〇二条二項）。

イ　以上のほか、小規模個人再生には、次のとおり特有の不認可事由があります。

(ア)　収入要件を欠く場合（民再二三一条二項一号）

個人再生手続を開始するためには、再生債務者が将来にわたって、継続的又は反復して収入を得る見込みのあることが必要ですが、再生手続開始時には当該要件を満たしたものの、その後に失職し、再生計画認可時に要件を満たさなくなったという場合があり得るため、認可要件としたものです。

(イ)　負債限度額を超える場合（民再二三一条二項二号）

個人再生手続を利用できるのは、再生債権の総額が五〇〇〇万円を超えない場合に限定されます（民再二二一条一項）。再生手続開始段階でも再生債権の総額は債権者一覧表などの資料により一定程度判断できますが、その後の債権届出・調査の結果、所定の限度額を超えていることが判明することもあり得るため、認可要件としたものです。

なお、住宅資金貸付債権については、基準債権額の算定の場合と異なり、住宅資金特別条項を利用するかどうかにかかわらず、前記負債限度額の算定には含まれないことに注意が必要です（民再二二一条一項。詳細は、個再の手引二版Q15を参照してください。）。

(ウ)　最低弁済基準を下回る場合（民再二三一条二項三号、四号）

詳しくは、前記1(5)を参照してください。

(エ)　住宅資金特別条項を定める意思がある旨を債権者一覧表に記載したにもかかわらず、再生計画に住宅資金特別条項の定めがない場合（民再二三一条二項五号）

この場合、再生計画認可の段階で住宅資金貸付債権を債権調査の対象にしなければならなくなりますが、再生債務者の落ち度のために債権調査をやり直すのは相当ではないため、制裁的な意味で設けられました（詳細は、破産・民再の実務三版四四六頁参照）。

(2) 給与所得者等再生の場合

ア　給与所得者等再生の不認可事由は、実体的には、小規模個人再生とほぼ同一です（民再二四一条二項一号ないし三号、五号）。

イ　以上のほか、給与所得者等再生には、次のとおり特有の不認可事由があります。

(ア)　再生債務者が利用適格者ではない場合（民再二四一条二項四号）

再生債務者が給与等定期的な収入を得ていないか、又はその額の変動の幅が小さいと見込まれる者に該当しないことが再生計画認可の審査の時点で明らかになった場合には、利用適格者に該当しないため、再生計画を不認可とするものです。

(イ)　七年以内に免責等を受けている場合（民再二四一条二項六号、二三九条五項二号）

給与所得者等再生を求める申述が破産法による免責許可の決定が確定した日等から七年以内にされたときは、給与所得者等再生を開始できないため（民再二三九条五項二号）、これらの事由が再生計画の認可の時点で明らかになった場合に、再生計画を不認可とするものです。

(ウ)　可処分所得要件（民再二四一条二項七号）

再生計画案提出前二年間の再生債務者の収入の合計額からその期間における所得税等の租

税及び社会保険料を差し引いた金額を二で除します（民再二四一条二項七号ハ）。そして、その金額から再生債務者及びその扶養を受けるべき者の最低限度の生活を維持するために必要な一年分の費用の額を控除した額が、可処分所得額となります。

ただし、再生計画案提出前二年間の再生債務者の年収に五分の一以上の変動が生じたときなどは、可処分所得額の計算の方法が変わりますので、注意が必要です（民再二四一条二項七号イ、ロ。詳細は、個再の手引二版Q98、破産・民再の実務三版Q93参照）。

計画弁済総額は、可処分所得額の二年分以上でなければなりません。

(3) 住宅資金特別条項を定めた場合の注意点（履行可能性）について

ア　住宅資金特別条項を定めない場合には、「再生計画が遂行される見込みがないとき」が不認可事由とされています（民再二三一条一項、一七四条二項二号、二四一条二項一号）。これに対し、住宅資金特別条項を定めている場合には、「再生計画が遂行可能であると認めることができないとき」が不認可事由とされ、要件が加重されています（民再二三一条一項括弧書き、二〇二条二項二号、二四一条二項一号括弧書き）。

これは、住宅資金特別条項が定められた再生計画の履行可能性が必ずしも高くない場合にまで住宅ローン債権者の意思に反して当該計画を認可できるものとすると、住宅ローン債権者に対して、再生計画認可後に住宅の価値が値下がりしたことに伴う不利益を与えるおそれがあるためです（一問一答個再一一二頁）。

イ　東京地裁破産再生部では、住宅資金貸付債権の一部弁済許可（民再一九七条三項）に基づく返済とは別に、再生債務者において、毎月の計画弁済額を分割予納金として納付してもらい、これをもって再生計画の履行可能性を検討するという運用を行っています（個再の手引二版Q17、85）。

5　再生計画の認可決定の確定の効力

(1)　再生計画の認可決定の確定

再生計画認可の決定の確定により、全ての再生債権（ただし、非減免債権は除かれます。）が、再生計画の一般的基準に従って変更されます（民再二三二条二項、二四四条）。

また、個人再生では、再生計画に定めのない再生債権も失権しません（民事再生法二三八条及び二四五条は民事再生法一七八条の適用を除外しています。）。これは、個人再生手続では、簡易な債権調査手続しか予定されていないことから、その手続を経ていない再生債権について失権という重大な効果を生じさせることは不相当であると考えられたためです。

さらに、個人再生手続では、再生債権の実体的確定が行われないため、再生計画認可の決定の確定に伴う再生債権者表の執行力の付与も認められていません（民再二三八条、二四五条による一八〇条三項の適用除外)。

(2) 個人再生手続の終結

個人再生手続は、再生計画認可の決定の確定をもって当然に終結します(民再二三三条、二四四条)(その後の履行確保をどのように図るかについての東京地裁破産再生部の運用は、個再の手引二版Q102を参照してください。)。

記載例

1　権利の変更の一般的基準に関する条項について

(①再生債権に対する権利の変更の記載例)
＊弁済率及び免除率を記載したもの＊

> 第１　再生債権に対する権利の変更
> 　再生債権の元本及び再生手続開始決定前に発生している利息・損害金の合計額の○○％を後記第２の弁済方法のとおり弁済し（１円未満の端数は切り上げる。)，残元本及び開始決定前に発生している利息・損害金の残額並びに開始決定後の利息・損害金の全額について免除を受ける。

(②再生債権に対する弁済の方法に関する条項の記載例)
＊弁済期間を３年とし，３か月に１回弁済を行う場合のもの＊

> 第２　再生債権に対する弁済方法
> 　再生債務者は，各再生債権者に対し，第１の権利の変更後の再生債権について，再生計画認可決定の確定した日の属する月の翌月から３年間は，再生計画認可決定の確定した日の属する月の３か月後を第１回として，以後３か月ごとに各該当月末日限り，12分の１の割合による金員（１円未満の端数は切り捨て，最終回で調整する。）(合計12回）を支払う。

2　別除権者の権利に関する条項について

(適確条項の記載例)

> 　別除権の行使によって弁済を受けることができない部分（以下「担保不足額」という。）が確定した時は、上記○○の定めを適用する。なお，別除権を有する再生債権者から担保不足額が確定した旨の通知を受けた日に既に弁済期が到来している分割金については，当該通知を受けた日から○か月以内に支払う。

(再生計画認可の決定前に一括弁済した記載例)

> 　再生債務者は，別紙物件目録記載の所有権留保付自動車について，別除権者である○○との間で，裁判所の許可を得て別除権協定を締結し，令和○年○月○日，別除権者に対して別除権評価額を支払い，別除権者から所有権移転登録を受けた。
> 　したがって，本再生計画案提出時点で，担保不足額が未確定の別除権付債権はない。

（再生計画認可の決定後に分割弁済する記載例）

別除権協定の概要
1　別除権者名　　〇〇
2　被担保債権額　〇万円
3　別除権の種類　留保所有権
4　別除権の対象　車両
5　別除権協定の概要
(1)　再生債務者は，別除権者に対し，令和〇年〇月から再生計画認可決定の確定した日を含む月までの月額支払分（各〇万円）の合計を，再生計画認可決定の確定した日を含む月の翌月〇日限り，一括して支払う。
(2)　再生債務者は，別除権者に対し，再生計画認可決定の確定した日を含む月の翌月から令和〇年〇月まで毎月〇日限り，〇万円ずつ支払う。
(3)　別除権者は，再生債務者が令和〇年〇月以降の支払を停止していることを理由として留保所有権を行使しない。

以上

第七章　住宅資金貸付債権に関する特則（総論）

1　住宅資金貸付債権に関する特則の趣旨及び概要

いわゆる住宅ローンの利用にあたっては、一般的に、住宅に抵当権が設定されますが、再生手続上、こうした抵当権も別除権となり（民再五三条一項）、再生手続の制約を受けずに実行することができるため（同条二項）、そのままでは、住宅ローンを抱えた再生債務者は、再生手続外で抵当権者の個別の同意を得ない限り、抵当権の実行による住宅の売却を回避することができません。そこで、かかる再生債務者が、生活の基盤である住宅を手放さずに経済的再生を果たすことを可能とするため、民事再生法第一〇章に「住宅資金貸付債権に関する特則」が定められました（一問一答個再一二頁）。

この特則では、個人である再生債務者の住宅ローンを想定した住宅資金貸付債権（民再一九六条三号）に係る債務について、再生計画中に、弁済の繰延べを内容とする住宅資金特別条項を設けて、一般の再生債権とは別枠で分割弁済をするよう定めることが認められています（民再一九八条、一九九条）。かかる条項を定めた再生計画の認可決定が確定すると、再生債務者は、前記債務について期限の利益を喪失していた場合でも、その喪失の効果を失わせて分割弁済を継続することが可能となり、また、その計画の効力が住宅やその敷地に設定された抵当権にも及ぶ結果（民再二〇三条一項）、再生債務者は、その計画に基づく弁済を続ける限り、抵当権の実行を回避することができます。

他方、住宅資金貸付債権以外の一般の再生債権に対しては、法定の最低弁済額（給与所得者等再生では可処分所得要件を含む。）や清算価値保障原則を満たす計画弁済を行う必要があり、再生債務者は、住宅資金特別条項を定める場合には、これに基づく弁済と一般の再生債権に対する弁済とを並行して行うことになります。

なお、住宅資金特別条項は、個人再生手続を利用しない場合にも定めることができますが、以下では、個人再生手続を利用する場合を前提として述べます。

2　住宅資金特別条項を定める上での留意点

(1)　住宅資金特別条項を定めることができる場合

ア　住宅資金貸付債権

住宅資金特別条項を定めるには、その対象となる債権が住宅資金貸付債権に該当することが求められます（民再一九八条一項本文）。住宅資金貸付債権とは、住宅の建設若しくは購入に必要な資金（住宅の用に供する土地又は借地権の取得に必要な資金を含む。）又は住宅の改良に必要な資金の貸付けに係る分割払の定めのある再生債権であって、当該債権又は当該債権に係る債務の保証人（保証を業とする者に限られ、「保証会社」と定義されています。）の主たる債務者に対する求償権を担保するための抵当権が住宅に設定されたものをいいます（民再一九六条三号）。

ここで、「住宅」とは、個人である再生債務者が所有し、自己の居住の用に供する建物であって、その床面積の二分の一以上に相当する部分が専ら自己の居住の用に供されるものをいいます（民再一九六条一号本文）。区分所有建物（マンション）や他者との共有の建物であってもこの要件を満たします。それが二つ以上ある場合には、主として居住の用に供する一つの建物に限られます（同号ただし書）。建物がいわゆる二世帯住宅や店舗兼居宅・事務所兼居宅である場合、建物の一部を賃貸している場合、あるいは、再生債務者が建物購入後に転勤するなどして現住していない場合などには、この要件に該当するかどうかが問題となる場合があり、注意を要します（第八章参照）。

また、対象となる債権は「住宅の建設又は購入に必要な資金」や「住宅の改良に必要な資金」の貸付けに係る債権でなければならないので、いわゆる諸費用ローン（住宅購入資金以外の仲介手数料・登記費用・税金・保険料等に係るローン）や買換え・住替え時における前の住宅の残ローンについて、住宅資金貸付債権に当たるかどうかがしばしば問題となります（第八章参照）。

イ　住宅資金貸付債権以外の債権を被担保債権とする担保権の不存在

住宅資金貸付債権を被担保債権とする抵当権が設定されている住宅に、住宅資金貸付債権以外の債権、例えば、事業資金の貸付けに係る債権を被担保債権とする担保権（別除権）が存在する場合には、住宅資金特別条項を定めることができません（民再一九八条一項ただし書）。住宅資金特別条項を定めても、前記のような別除権が行使されると結局は住宅保持の目的を達せられなくなるからです。また、住宅以外の不動産に住宅資金貸付債権に係る抵当権がある場合（共同抵当の場合）に、当該不動産に当該抵当権に後れる別除権となる担保権があるときも、住宅資金特別条項を定めることはできません（同項ただし書）。これは、住宅以外の不動産のみが競売されたときに、当該不動産の後順位抵当権者は、共同抵当となっている住宅に設定された抵当権に代位することができるため（民三九二条二項）、住宅の上に別除権となる担保権が存する場合と同様に、住宅資金特別条項を定める意味がないからです（一問一答個再八二頁）。

この要件に関して問題になるものとして、マンションの滞納管理費があります。マンションの管理費等の債権は、区分所有法七条一項により債務者の区分所有権の上に先取特権を有するとされるところ、住宅とされるマンションについて管理費等の滞納がある場合には、かかる先取特権が前記の住宅資金貸付債権以外の債権を被担保債権とする担保権となりますので、注意を要します。こうした住宅資金特別条項を定めることを阻害する担保権が存する場合には、付議決定（小規模個人再生）又は意見聴取決定（給与所得者等再生）までに当該担保権を消滅させておく必要があります（詳細については、個再の手引二版Q93参照）。

以上のほか、例えば、夫婦や親子で共有する不動産について、いわゆるペアローンを組んでそれぞれを債務者とする抵当権を設定している場合にも、住宅の上に住宅資金貸付債権（再生債務者に対する住宅ローン）以外の債権（他の親族に対する住宅ローン）を被担保債権とする抵当権が存在するとして、住宅資金特別条項を定められないことになるのかどうかが問題となります（第九章参照）。

ウ　住宅資金貸付債権が代位取得されたものである場合の取扱い

民法五〇〇条の規定により代位取得された住宅資金貸付債権については、条文上、基本的には住宅資金特別条項の適用対象から除外されていますが（民再一九八条一項本文括弧書）、保証会社が住宅資金貸付債権に係る保証債務の全部を履行した場合において、当該保証債務の全部を履行した日から六か月を経過する日までの間に再生手続開始の申立てがされたときは、住宅資金特別条項を定めることができます（同条二項前段）。この場合の取扱いについては、後記4において改めて述べます。

(2) 手続上の留意点

ア　事前協議

再生債務者は、住宅資金特別条項を定めた再生計画案を提出する場合には、あらかじめ、当該住宅資金特別条項によって権利の変更を受ける者、すなわち、住宅資金貸付債権者（保証会社の代位弁済後である場合には、原債権者のことをいうものとします。以下同じ。）と協議するものとされ（民再規一〇一条一項）、他方、住宅資金貸付債権者は、当該住宅資金特別条項の立案について、必要な助言をするものとされています（同条二項）。

この規定自体は訓示的な規定ではあるものの、住宅ローンの内容は変動金利や月賦払と半年賦払の併用など相当に複雑であり、再生債務者としては、住宅資金貸付債権者と協議してその助言を得なければ、適切な再生計画案を作成することが実際上困難であると考えられます（本規定の制定経緯については最高裁判所事務総局民事局監修『条解民事再生規則（新版）』（法曹会）二一四頁参照。事前協議を行うべき時期等、再生債務者が意識すべき事前協議のあり方については個再の手引二版Q86、87参照）。

イ　債権者一覧表への記載及び添付書類

個人再生手続では、債権者一覧表の提出が必要的とされていますが（民再二二一条三項柱書き、二四四条）、その際、住宅資金貸付債権についてはその旨を記載するほか、住宅資金特別条項を定めた再生計画案を提出する意思があるときはその旨を記載することを要し（民再二二一条三項三号、四号、二四四条）、東京地裁破産再生部では、債権者一覧表の備考欄にこれらの記載をするよう求めています。

また、併せて、①住宅資金貸付契約（民再一九六条五号）の内容を記載した証書の写し（住宅ローン契約の契約書等）、②住宅資金貸付契約に定める各弁済期における弁済すべき額を明らかにする書面（返済計画表）、③住宅及び住宅の敷地の登記事項証明書、④共同抵当となっている不動産がある場合にはその登記事項証明書、⑤住宅に自己の居住の用に供されない部分があるときは専ら自己の居住の用に供される部分とその床面積を明らかにする書面（建物の間取図や各階の平面図等）、⑥保証会社が代位弁済している場合は保証債務の消滅の日を明らかにする書面、⑦必要に応じ、保証会社の求償権の存在を証する書面（保証委託契約書の写し）を提出する必要があります（民再規一一五条一項、二項、一〇二条一項、二項）。

なお、再生手続開始後の債権者一覧表の訂正は一切認められないと考えられるため（個再の手引二版Q22参照）、住宅資金特別条項を定めた再生計画案を提出する予定である場合には、忘れずに債権者一覧表にその旨を記載しておかないと後に再生計画案に盛り込むことができなくなりますので、注意する必要があります。

ウ　住宅資金貸付債権に対する一部弁済許可

住宅資金貸付債権も再生債権である以上、再生手続が開始すると再生計画の認可決定の確定までは弁済することができなくなるのが原則ですが（民再八五条一項）、この原則を貫徹すると、再生債務者は、それまで遅滞なくその弁済を続けていた場合でも、期限の利益を喪失して抵当権実行の危険にさらされるほか、多額の約定遅延損害金が発生してその弁済が困難となるおそれがあります。そこで、再生債務者は、住宅資金貸付債権の一部を弁済しなければ約定により期限の利益を喪失する場合には、住宅資金特別条項を定めた再生計画の認可の見込みがあると認められることを要件として、裁判所から許可を得て、再生計画の認可決定の確定前でもその弁済をすることが認められています（民再一九七条三項）。この点に関する東京地裁破産再生部における具体的な手続の流れについては、第三章を参照してください。

エ　抵当権の実行手続の中止命令

再生債務者が既に期限の利益を喪失している場合、住宅資金特別条項を定めた再生計画の認可決定の確定前に、抵当権が実行されて住宅が売却されてしまうおそれがあります。そこで、再生手続開始の申立てがあった場合において、住宅資金特別条項を定めた再生計画の認可の見込みがあると認められるときには、再生債務者の申立てにより、裁判所は、相当の期間を定めて、抵当権の実行手続の中止を命ずることができるものとされています（民再一九七条一項）。

東京地裁破産再生部では、個人再生手続の標準スケジュールを踏まえ、中止期間の終期を再生手続開始の申立日の七か月後の応当日としてこの中止命令を発令することとしています。また、必要に応じ、中止期間の伸長決定（民再一九七条二項、三一条三項参照）を行うこともあります（第二章参照）。

3 住宅資金特別条項の内容

(1) 住宅資金特別条項の類型及び共通の記載事項

住宅資金特別条項では、別除権の行使を制約される住宅資金貸付債権者の利益を保護するため、原則として、住宅資金貸付債権に係る債務を減免することは認められず、その元本・利息・遅延損害金の全部を一定期間内に弁済することが求められ、かつ、その弁済期間・方法等についても厳格に法定されています（民再一九九条一項ないし四項）。すなわち、再生債務者が定めることのできる住宅資金特別条項の内容として、後記の①期限の利益回復型（後記(2)イのそのまま型（正常返済型）を含む。）、②リスケジュール型、③元本猶予期間併用型、

④合意型（同意型）の四類型が法定されています。これらのうち、①ないし③の類型については、①の類型の条項によって遂行可能な計画が立てられない場合に初めて②の類型の条項を定めることができ、さらに、②の類型の条項によっても遂行可能な計画が立てられない場合に初めて③の類型の条項を定めることができるという補充関係にあります。他方、④の類型については、そのような補充性の要件はありません。

いずれの類型を用いるにせよ、再生計画に住宅資金特別条項を定める上では、住宅資金特別条項である旨を明示した上、住宅資金貸付債権者の氏名又は名称、住宅及び住宅の敷地の表示並びにこれらに設定されている抵当権の表示を明示する必要があり（民再規九九条）、この共通部分の具体的な条項の例は、後記記載例1のとおりです。

(2) 期限の利益回復型・そのまま型（正常返済型）（民再一九九条一項）

ア　期限の利益回復型

この類型は、住宅資金特別条項の原則型であり、住宅資金貸付債権に係る債務につき、期限未到来の部分（後記①）は元の約定どおりに弁済しながら、遅滞に陥っている部分（後記②）を一般の再生債権に対する計画弁済の期間内に弁済することとし、再生手続開始前に生じた期限の利益喪失の効果を失わせるものです。すなわち、①再生計画の認可決定の確定時点で期限未到来の元本（期限の利益を喪失していなかったとすれば弁済期が到来していないもの約定に従って支払い（民再一九九条一項二号）、②同時点で期限が到来している元本（期限の利益を喪失していなかったとすれば弁済期が到来していないものを除く。）及びこれに対する利息並びに同時点までに生じる遅延損害金については、その全額を再生計画で定める一般の再生債権に対する弁済期間（最長五年）内に支払うこと（同項一号）が求められています。

その具体的な条項の例は、後記記載例3のとおりです。

イ　そのまま型（正常返済型）

民事再生法一九九条一項の住宅資金特別条項は、前記ア②の遅滞部分が生じていない場合でも定めることができます。すなわち、住宅資金貸付債権も再生債権であり、個人再生手続においても、本来、一般の再生債権と同様に権利変更されるはずのものですが（民再二二九条一項、二四四条）、住宅資金特別条項を定める場合にはこれとは異なる取扱いが可能となるところ（民再二二九条四項、二四四条）、住宅資金貸付債権について従前どおり約定弁済を続けながら一般の再生債権との関係で再生手続を利用したいという場合に、住宅資金貸付債権については当初の約定どおりに支払う旨（前記ア①）の住宅資金特別条項を定めることが行われています。これを実務上、「そのまま型」あるいは「正常返済型」などと呼んでいます。説明の便宜上、期限の利益回復型について先に説明しましたが、実際には、そのまま型の条項を利用することができない場合に初めて期限の利益回復型の条項が検討されるところ、実務上、そのまま型の条項が利用されているケースが非常に多くなっています。

なお、そのまま型の条項を定める場合にも、再生手続開始後・再生計画認可決定確定前の間、住宅資金貸付債権に対する弁済を続けるためには裁判所の許可を要します（前記2(2)ウ）。再生手続開始後も許可のないまま弁済を続けていた場合、手続違反のために、再生計画案について付議決定（小規模個人再生）又は意見聴取決定（給与所得者等再生）をすることができず（民再二三〇条二項括弧書、二〇二条二項一号、一七四条二項一号本文、二四〇条一項一号、二四一条二項一号）、再生手続の廃止事由にもなりますので（民再一九一条一号、二四三条一号）、注意する必要があります（この場合の対応については、個再の手引二版Q24参照）。

このような条項の具体例は、後記記載例4のとおりです。

(3)　リスケジュール型（民再一九九条二項）

この類型は、そのまま型はもちろん、期限の利益回復型の条項を定めた再生計画の認可の見込みがない（履行可能性がない）場合に、住宅資金貸付債権に係る債務の最終弁済期を当初の住宅資金貸付契約における最終弁済期（約定最終弁済期）よりも後にする形で、期限未到来部分の約定の弁済期・弁済方法を含めてリスケジュールを図るものです。すなわち、この場合には、住宅資金貸付債権に係る債務について、利息・遅延損害金を含めて全額の弁済をすることを前提に、その最終弁済期を約定最終弁済期から最大一〇年間、再生債務者の年齢が七〇歳を超えない範囲で延長することが認められ（民再一九九条二項）、これにより各回の弁済額を減らすことができます。もっとも、元本及びこれに対する再生計画認可決定確定後の約定利息の弁済については、当初の住宅資金貸付契約（原契約）において定められた弁済期の間隔（月賦払・半年賦払等）及び弁済額（元利均等払、元金均等払等）に係る一定の基準におおむね沿うものであることが求められます（同項三号）。

この類型及び後記(4)の類型については、変更後の最終弁済期における再生債務者の年齢が七〇歳を超えないことを要し、起点となる再生計画の認可決定の確定時期にも留意してリスケジュール期間を定める必要があります。この類型の条項の具体例は、後記**記載例5**のとおりです。

(4) 元本猶予期間併用型（民再一九九条三項）

この類型は、リスケジュール型の条項を定めた再生計画の認可の見込みもない場合に、リスケジュール型で認められる最終弁済期の延長に加えて、一般の再生債権に対する再生計画上の弁済期間（最大五年）の範囲内で、元本の一部及び元本に対する約定利息のみを支払うものとすることを認めるものです（一般の再生債権に対する弁済と住宅資金貸付債権に対する弁済とを並行して行う負担を考慮し、一般の再生債権に対する弁済期間の範囲内で、住宅資金貸付債権の元本に対する弁済の一部猶予を認める趣旨です。民再一九九条三項）。最終弁済期の延長については、前記(3)で述べた要件（約定最終弁済期から最大一〇年、再生債務者の年齢が七〇歳を超えない範囲での延長）を満たす必要があります。この類型でも、最終的に元本・利息・遅延損害金の全部を弁済すべきことには変わりありません。元本を猶予する期間が経過した後の元本及びこれに対する約定利息の支払については、原契約において定められた弁済期の間隔及び弁済額に係る一定の基準におおむね沿うものであることが求められます（同項二号）。

その具体例は、後記記載例6のとおりです。

(5)　合意型（同意型）（民再一九九条四項）

この類型は、住宅資金貸付債権者の同意がある場合に、前記(2)から(4)までの類型とは異なる権利変更の内容を有する条項を定めるものです。例えば、住宅資金貸付債権に係る債務の最終弁済期を約定弁済期から一〇年を超える日又は再生債務者の年齢が七〇歳を超えることとなる日まで延長することや、保証会社が代位弁済をした事案（後記4参照）などで多額に生じた遅延損害金をカットすることも、住宅資金貸付債権者の同意があれば認められます。

この住宅資金貸付債権者による同意は必ず書面によらなければならないものとされ、その書面は再生計画案と併せて提出しなければならないとされています（民再規一〇〇条一項、二項）。同意書は、代表権を有する者（代表取締役、商業登記簿上の支配人など）の作成に係るものである必要があり（その確認のため、資格証明書の添付が必要です。）、また、写しではなく、原本の提出が求められます。

4　保証会社が保証債務を履行した場合の取扱い

(1)　規定の趣旨・背景

個人の債務者が住宅ローンの融資を受けるに際し、保証会社に保証料を支払って住宅ローンの保証を委託することが行われています。そうした債務者が住宅ローンの支払を続けられなくなった結果、保証会社が代位弁済をして住宅資金貸付債権を代位取得することがあります（当該住宅資金貸付債権そのものを被担保債権とする抵当権がある場合には附従性により当該抵当権も保証会社に移転しますが、求償権に対して抵当権を設定している場合（民再一九六条三号）も多いです。）。この場合に住宅資金特別条項を定められないとすると、再生債務者の住宅保持という制度趣旨が十分に達成されない結果となりますので、一定の要件の下に、住宅資金特別条項を利用することが認められています（民再一九八条二項）。

(2)　要件

その要件として、第一に、代位弁済をした主体が保証会社（前記2(1)ア、民再一九六条三号）である必要があり（民再一九八条二項）、それ以外の保証人が代位弁済をした場合には住宅資金特別条項を定めることはできません（同条一項本文括弧書き）。保証人が再生債務者の親類・知人である場合に、これらの者に不当な不利益を与えないようにするための措置です（一問一答個再六六頁）。

第二に、申立て時期について制限が設けられており、保証会社が住宅資金貸付債権に係る保証債務の全部を履行した日から六か月を経過する日までの間に、再生手続開始の申立てがされる必要があります（民再一九八条二項（前段））。その申立てに際しては、かかる申立て時期の要件を確認するため、代位弁済により保証債務が消滅した日を明らかにする書面の提出が求められています（前記2(2)イ⑥）。

(3)　効果（「巻戻し」）

保証会社が代位弁済をしていた場合に、住宅資金特別条項を定めた再生計画の認可決定が確定したときは、保証会社による住宅資金貸付債権に係る保証債務の履行は、なかったものとみなされます（民再二〇四条一項本文）。これは、保証会社は代位弁済に充てた資金を抵当権の実行等により短期間で回収することを予定しているのに対し、代位弁済前の住宅資金貸付債権者は元々長期間の住宅ローンによる資金回収を予定していたことなどを踏まえ、代位弁済がなかったものと擬制し、再生債務者が元の住宅資金貸付債権者に対して繰延べをした分割弁済を行うようにするものです（かかる制度趣旨の詳細については、一問一答個再一三二頁参照)。これを実務上、「巻戻し」と呼んでいます。

こうして、代位弁済がなかったものとみなされる結果、保証会社の求償権は遡及的に消滅し、保証会社が代位取得していた住宅資金貸付債権は、法律上当然に元の住宅資金貸付債権者に復帰し、保証会社の保証債務も復活します。同時に、住宅資金貸付債権者が保証会社から支払われた代位弁済金を保有する法律上の根拠も失われるため、保証会社は、住宅資金貸付債権者に対し、不当利得として代位弁済金等の返還を求めることになります。

巻戻しの例外として、保証会社が代位取得した権利に基づいて再生債権者としてした行為には影響が及びません(民再二〇四条一項ただし書。もっとも、個人再生手続では本規定の具体的な適用場面はほとんど考えられません。)。また、再生債務者が再生計画の認可決定の確定前にした保証会社に対する求償債務の弁済の効力も維持され、この場合には、保証会社は、当該弁済による受領金を住宅資金貸付債権者に交付すべきものとされています(同条二項)。

(4) その他手続上の留意点

保証会社が再生手続開始前に代位弁済をしている場合、債権者一覧表の提出に際しては、その時点ではまだ巻戻しが生じていないため、あくまで保証会社を債権者とする必要があります。東京地裁破産再生部では、債権者一覧表には保証会社を債権者、求償債権を再生債権として記載し、備考欄には、原債権が住宅資金貸付債権である旨及び住宅資金特別条項を定める旨の記載をした上、代位弁済日及び原債権者を記載するよう求めています（個再の手引二版Q18参照）。

他方、住宅資金特別条項では、巻戻しにより住宅資金貸付債権を有することとなる者の明示が求められ（民再規九九条一号）、原債権者を記載すべきこととなります（後記記載例2参照）。また、再生債務者は、保証会社ではなく、原債権者との間で事前協議（前記2(2)ア）を行う必要があり、裁判所が民事再生法二〇一条二項の意見聴取（後記5(1)）を行う相手も、保証会社ではなく、原債権者になるため、当該意見聴取に伴って再生計画案を送付する場合には送り先を保証会社と誤らないようにする必要があります。

5　住宅資金特別条項を定めた場合におけるその他の取扱いの変更点

(1)　住宅資金貸付債権の債権調査、再生計画案の決議上の取扱い

個人再生手続において、住宅資金貸付債権は、債権者一覧表に住宅資金特別条項を定めた再生計画案を提出する意思がある旨の記載がされた場合には、債権調査の対象から除外されるとともに（民再二二六条五項、二四四条）、計画弁済総額算定の基礎となる基準債権からも除外されることとなります（条文上、この場合には、基準債権の定義（民再二三一条二項三号）の元となる無異議債権の定義（民再二三〇条八項）から除かれます。）。

また、住宅資金特別条項を定めた再生計画案の決議に際しては、住宅資金貸付債権やこれに係る保証会社の求償権については議決権が認められませんが（民再二〇一条一項）、裁判所は、住宅資金貸付債権者の意見を聴取しなければならないこととされています（同条二項）。

(2) 再生計画の認可要件の特徴（変更点）

住宅資金特別条項を定めた再生計画の認可にあたっては、その定めがない場合における「再生計画が遂行される見込みがないとき」との不認可要件（民再二三一条一項、二四一条二項一号、一七四条二項二号）が、「再生計画が遂行可能であると認めることができないとき」と修正され（民再二三一条一項、二四一条二項一号、二〇二条二項二号）、積極的に履行可能性があると認められることが求められているほか、住宅の所有権又はその用に供されている土地の利用権の喪失が見込まれるとき（民再二〇二条二項三号）にも認可されません。

なお、個人再生手続では、債権者一覧表に住宅資金特別条項を定めた再生計画案を提出する意思がある旨の記載をしたにもかかわらず、再生計画に住宅資金特別条項の定めがない場合には、再生計画を認可することが許されず、そのため、再生計画案について付議決定（小規模個人再生）又は意見聴取決定（給与所得者等再生）をすることができません（民再二三一条二項五号、二四一条二項五号）。

その他の認可要件については、住宅資金特別条項を定めない場合の再生計画の認可要件と変わりありません。

(3) 住宅資金特別条項を定めた再生計画の効力

住宅資金特別条項を定めた再生計画の認可決定が確定すると、これを定めない場合と異なり、期限の猶予等の効力は住宅や住宅の敷地に設定された抵当権にも及び（民再二〇三条一項）、抵当権の実行が回避されることとなります。また、その効力は、住宅資金貸付債権者が再生債務者の保証人に対して有する保証債務履行請求権にも及ぶため（同項）、保証人が再生計画の認可決定の確定後に履行を請求されて代位弁済し、代位取得した抵当権の実行に及ぶという事態も回避されることとなります。

なお、住宅資金特別条項によって変更された後の権利については、住宅資金特別条項において、期限の利益の喪失についての定めその他の住宅資金貸付契約における定めと同一の定めがされたものとみなされます（同条二項）。

記載例

1　共通部分の記載例

第○　住宅資金特別条項
1　住宅資金貸付債権を有する債権者の氏名又は名称
　○○○銀行
2　対象となる住宅資金貸付債権
　令和○年○月○日付け○○○○契約書（以下「原契約書」という。）に基づき，上記債権者が再生債務者に対して有する貸金債権
3　住宅及び住宅の敷地の表示
　別紙物件目録記載のとおり
4　抵当権の表示
　別紙抵当権目録記載のとおり
5　住宅資金特別条項の内容
　上記2の住宅資金貸付債権の弁済については，再生計画認可決定の確定した日から，以下のとおりとする。

（略）　＊後記各類型の記載例を参照

2　巻戻し事案の記載例

第○　住宅資金特別条項
1　住宅資金貸付債権を有する債権者の氏名又は名称
　○○○銀行
2　対象となる住宅資金貸付債権
　令和○年○月○日付け○○○○契約書（以下「原契約書」という。）に基づき，上記債権者が再生債務者に対して有する貸金債権
　上記債権者は，この再生計画を認可する決定が確定した場合には，これまでにあった保証会社の保証債務の履行がなかったものとみなされ，上記の住宅資金貸付債権を有することとなる。
3　住宅及び住宅の敷地の表示
（略）

3　期限の利益回復型の記載例

（遅滞部分の弁済期間を３年とし，月賦払と半年賦払を併用する場合の例）

(1)　再生計画認可決定の確定の時までに弁済期が到来する元本に関する条項

ア　３年の期間は，元本額の80パーセントに相当する金員に，約定利率による利息を付した金額を，毎月末日限り，合計36回に分割して弁済する（月賦分）。

イ　上記に加え，元本額の20パーセントに相当する金員を，毎６月末日及び12月末日限り，合計６回に分割して弁済する（半年賦分）。

(2)　再生計画認可決定の確定の時までに生ずる利息・損害金に関する条項

ア　３年の期間は，総額の80パーセントに相当する金員を，毎月末日限り，合計36回に分割して弁済する（月賦分）。

イ　上記に加え，総額の20パーセントに相当する金員を，毎６月末日及び12月末日限り，合計６回に分割して弁済する（半年賦分）。

(3)　再生計画認可決定の確定の時までに弁済期が到来しない元本及びこれに対する約定利率による利息に関する条項

原契約書の各条項に従い支払う。

(4)　弁済額の算定にあたり端数等の調整の必要が生じた場合には，最終弁済額にて調整するものとする。

(5)　下記の変更事項を除く他は原契約書の各条項に従うものとする。

記

（略）

4　そのまま型（正常返済型）の記載例

５　住宅資金特別条項の内容

上記２の住宅資金貸付債権の弁済については，再生計画認可決定の確定した日以降，原契約書の各条項に従い支払うものとする。

5 リスケジュール型の記載例

（最終弁済期を再生計画の認可確定から30年後とし，月賦払と半年賦払を併用する場合の例）

(1) 再生計画認可決定の確定の時までに弁済期が到来する元本及び再生計画認可決定の確定の時までに弁済期が到来しない元本並びにこれらに対する約定利率による利息（(2)を除く）に関する条項

ア 30年の期間は，元本総額の80パーセントに相当する金員にこれに対する約定利率による利息を付して元利均等方式により計算した金額を，毎月末日限り，合計360回に分割して弁済する（月賦分）。

イ 上記に加え，元本総額の20パーセントに相当する金員にこれに対する約定利率による利息を付して元利均等方式により計算した金額を，毎6月末日及び12月末日限り，合計60回に分割して弁済する（半年賦分）。

(2) 再生計画認可決定の確定の時までに生ずる利息・損害金に関する条項

ア 30年の期間は，総額の80パーセントに相当する金員を，毎月末日限り，合計360回に分割して弁済する（月賦分）。

イ 上記に加え，総額の20パーセントに相当する金員を，毎6月末日及び12月末日限り，合計60回に分割して弁済する（半年賦分）。

(3) 弁済額の算定に当たり端数等の調整の必要が生じた場合には，最終弁済額にて調整するものとする。

(4) 下記の変更事項を除く他は原契約書の各条項に従うものとする。

記

（略）

6　元本猶予期間併用型の記載例

（最終弁済期を再生計画の認可確定から33年後，元本猶予期間を3年とし，元本猶予期間中は月賦払のみ，元本猶予期間経過後は月賦払と半年賦払の併用とする場合の例）

(1)　再生計画認可決定の確定の時までに弁済期が到来する元本及び再生計画認可決定の確定の時までに弁済期が到来しない元本並びにこれらに対する約定利率による利息（(2)を除く）に関する条項

ア　3年の期間（以下「元本返済猶予期間」という。）は，元本○○○○円及び約定利率による利息を，毎月末日限り，合計36回に分割して弁済する。元本返済猶予期間満了後の30年の期間は，元本猶予期間満了時点の元本総額の80パーセントに相当する部分に，約定利率による利息を付して元利均等方式により計算した金額を，毎月末日限り，合計360回に分割して弁済する（月賦分）。

イ　上記に加え，元本返済猶予期間満了後の30年の期間は，元本猶予期間満了時点の元本総額の20パーセントに相当する部分に，約定利率による利息を付して元利均等方式により計算した金額を，毎6月末日及び12月末日限り，合計60回に分割して弁済する（半年賦分）。

(2)　再生計画認可決定の確定の時までに生ずる利息・損害金に関する条項

ア　元本返済猶予期間終了後，30年の期間は，総額の80パーセントに相当する金員を，毎月末日限り，合計360回に分割して弁済する（月賦分）。

イ　上記アに加え，総額の20パーセントに相当する金員を，毎6月末日及び12月末日限り，合計60回に分割して弁済する（半年賦分）。

(3)　弁済額の算定に当たり端数等の調整の必要が生じた場合には，最終弁済額にて調整するものとする。

(4)　下記の変更事項を除く他は原契約書の各条項に従うものとする。

記

（略）

第八章　住宅資金貸付債権に関する特則（各論一）

1　住宅資金貸付債権に関する特則とは

民事再生手続を利用する再生債務者が住宅を手放さずに経済的再生を果たすことを可能とするため、民事再生法第一〇章には「住宅資金貸付債権に関する特則」が置かれています。この特則により、住宅資金特別条項が定められた再生計画が再生債務者により履行されている限りにおいて、再生債務者は住宅に対する抵当権の実行を回避でき、住宅に住み続けることが可能となります。

他方、再生債務者の住宅に抵当権を設定している住宅ローン債権者は、別除権者として再生手続によらずにその抵当権を実行することができるのが原則であるにもかかわらず、再生計画に住宅資金特別条項が定められた再生計画が認可され確定すると、別除権の行使が制限され、元本の猶予や最長一〇年間の返済期間延長などの負担を強いられることになります。

住宅資金貸付債権者には、再生計画案についての議決権はないため、民事再生法は、住宅資金特別条項の内容や、これを定めるための要件を限定することで、住宅ローン債権者の予見可能性を確保し、その権利保護を図っています。

以上のような趣旨から、民事再生法は一九六条で定義規定を置き、住宅資金特別条項を定めることのできる場合を、再生債務者の「住宅」に「住宅資金貸付債権」（又はこれに係る保証会社の求償権）を担保するための抵当権が設定されているときに限定しています（民再一九六条、一九八条）。

個人再生手続の債務者は、住宅を維持したまま経済的再生を図ることを目的として手続を選択していることが多く、住宅資金特別条項を定めることができるか否かは、多くの個人再生事案で問題となる論点です。

そこで、以下、住宅資金特別条項により保護されるべき「住宅」の範囲や、住宅資金特別条項により住宅ローン債権者が別除権行使を制限される「住宅資金貸付債権」の範囲につき、検討したいと思います。

2 「住宅」該当性

(1) 個人である再生債務者が所有していること

「住宅」といえるためには、再生債務者が建物を所有していることが必要となります。再生債務者が建物の共有持分を有しているにすぎない場合でも、仮に抵当権が実行されれば再生債務者が住宅を失うという点では単独所有の場合と同様なため、「住宅」に含まれます。再生債務者の持ち分がごく一部である場合でも同様です。

(2) 自己の居住の用に供する建物であること

「住宅」といえるためには、再生債務者が自己の居住の用に供する建物であることが必要です。店舗や工場、賃貸用アパートのような物件は、通常「住宅」に当たりません。他方、投資用マンションであっても、その後、自らが居住しているような場合には、物件の購入目的にかかわらず、「住宅」と認定して差し支えありません。

個人再生手続でこの要件が問題となるのは、手続中には当該住宅に住んでいないものの、近い将来住宅に戻ることが予想され、当該住宅を失えば、経済的再生が困難となることが予想されるような場合です。具体的には、以下のような事例が考えられます。

【事例】

再生債務者Aは、商社に就職し、当初大阪支社に勤務していたため、大阪に一戸建てを購入したが、その後に東京勤務を命じられた。

① 大阪の建物には、妻と娘二人が居住し、Aは東京の社宅に住んで、大阪の自宅には月に一度帰るくらいである。

② 大阪の建物は、友人に対して賃貸し、現在は友人夫婦が生活している。Aは東京の社宅に住んでいるが、友人夫婦はAが大阪に転勤となった場合には、Aに建物を明け渡すことを約束している。

ア　この点、我が国における給与所得者の実情に鑑みると、この事例のように、再生債務者が転勤などで一時的に住宅を空けるのは、珍しいことではありません。そこで、法は「現に居住の用に供している」という文言ではなく、「居住の用に供する」という文言を採用したとされているところです（一問一答個再五七頁参照）。したがって、再生債務者が個人再生手続中に住宅を離れているからといって、当然に「住宅」ではないということにはなりません。

イ　**事例**①は、典型的な単身赴任の事例ですが、このような場合、再生債務者は一時的に大阪の所有物件を離れているのみで、いずれ大阪に戻ることが予定されているため、大阪の物件を「住宅」と認定し得る場合が多いとも考えられます。もっとも、このような単身赴任の事例でも、単身赴任の期間や、勤務先の状況（大阪の支店が閉鎖された、東京の会社に転職したなど）、家庭の状況（離婚した、家族が東京に転居することが予定されている）など、様々な事情により、大阪の物件を「住宅」と認定し得なくなることはあり得ます。

ウ　また、**事例**②のように大阪の物件を賃貸している場合、当該賃貸借契約の内容も、「住宅」と認定し得るか否かの重要な考慮要素となります。すなわち、賃貸借契約が、借地借家法の適用が除外される一時使用目的の賃貸借契約（借地借家法四〇条）の場合や、定期建物賃貸借契約で、契約の更新がないこととする旨の定めが置かれているような場合（同法三八条）には、赴任の終了にあわせて賃貸借が終了し、再生債務者が当該建物に戻ることを予定していると推認されるため、「住宅」と認定する方向に傾きます。他方、通常の賃貸借契約の場合、賃借人が保護されて、再生債務者による更新拒絶には正当の事由が求められるなど、再生債務者が任意の時期に賃貸中の物件に戻ることができないこともあり得るため、「住宅」とは認定し難いと評価される場合もあります。

事例②の場合は、実際に居住しているのがAの友人であり、Aが大阪に戻った場合に明渡しを約束していることから、「住宅」に該当すると認めやすいとも思われます。もっとも、事例①と比較すると、Ａが大阪の物件に戻ることができるか否かは、Ａと友人との関係や友人の生活状況にも左右されるため、「住宅」に当たるか否かの判断に当たっては、Ａと友人との間の賃貸借契約書のほか、将来Ａが転居する場合に、建物を明け渡す旨の承諾書を友人に提出させるなど、何らかの疎明が必要となることも考えられます。

(3)　床面積の二分の一以上相当部分が専ら自己の居住の用に供されるものであること

「住宅」といえるためには、床面積の二分の一以上に相当する部分が専ら自己の居住の用に供されるものであることが必要です（民再一九六条一項一号）。自己の居住の用に供されない部分がある場合には、再生債務者は自己の居住の用に供される部分および当該部分の床面積を明らかにする書面の提出が必要となります（民再規一〇二条一項五号）。

この点が問題になるのは、次のような、自営業者や、二世帯住宅の事例が代表的です。

【事例】

①　建物の一階部分の一部が店舗、一部が倉庫として使用されており、二階が再生債務者の居住部分になっている場合。

②　建物が二世帯住宅であり、玄関は別々だが、建物内ではドアで間仕切りがあるのみ

で、ダイニングなど、建物の一部は両世帯がともに利用している場合。

ア　再生債務者の経済的再生という趣旨からは、建物の一部が事業用に使用されているからといって、一律に住宅資金特別条項の対象から除外するのは妥当ではありません。ただ、その過半が居住以外の目的で使用されている建物まで、「住宅」として扱うことは、事業専用の建物に設定されている抵当権の取扱と均衡を失することとなってしまいます（一問一答個再五八頁）。

そこで、**事例**のような場合、再生債務者の住宅部分がどの範囲なのか、個別に判断をすることになります。

イ　この点、**事例**①のように、自営業者の再生債務者で、建物が店舗や倉庫として使用されているような場合には、この部分を「専ら自己の居住の用に供され」ているとみるのは、妥当ではないと思われます。特に、登記事項証明書において、建物の種類が「店舗・居宅」などとなっている場合などには、留意が必要です。

もっとも、再生債務者が専ら自己の居住の用に供しているか否かは、あくまで個別の判断なので、登記事項証明書の記載に必ずしも拘泥する必要はありません。例えば倉庫に保管されているものが、商品在庫であるのか、日用品であるのかなど、個々の事実関係に応じて、その判断が分かれることがあり得ます。場合によっては、その使用状況について、再生債務者に資料提出を求めることとなると思われます。

ウ　**事例②**のように建物が二世帯住宅の場合にも、床面積の二分の一という要件は適用されます。この点、それぞれの世帯の居住部分が物理的に独立しており、かつ、生活の実態としてもそれぞれの世帯が別々に暮らしているような事例であれば、比較的容易に再生債務者が自己の居住の用に供している部分を特定できると思われます。

もっとも、本事例のように、ダイニングなどその一部が各世帯で共用されているような場合や、両世帯が実質的に生活を共にしていると考えられるような場合には、どの範囲を再生債務者が専ら自己の居住の用に供しているとみるかは複数の考え方があり得るところであり、その利用状況なども含めた検討が必要となります。特に、世帯間での行き来が多く、両世帯の生活実態が事実上同一世帯といってもよいような場合には、再生債務者の同居人を履行補助者とみていることとの均衡から、両世帯が共に使用している部分について、再生債務者が居住の用に供している部分とし、別世帯の者を履行補助者として扱うことで、問題がないとするケースもあると思われます。

(4)　建物が二以上ある場合

この場合には、再生債務者が所有する建物のうち、主として居住の用に供する一の建物に限って、「住宅」であることが認められます。再生債務者が居住している建物とは別に別荘を所有している場合などは、居住している建物の方が、「住宅」として扱われます。

この点、先の単身赴任の事例で、大阪にも東京にもマンションを所有しているような場合に、どちらを主として居住の用に供しているかは現時点の生活実態を重視するか、再生債務者の意向や先の見通しを重視するかで判断が分かれ得るところであり、この点について再生債務者に説明を求めることとなろうかと思われます。

3 住宅資金貸付債権該当性

(1) 「住宅資金貸付債権」とは、住宅の建設若しくは購入に必要な資金（住宅の用に供する土地又は借地権の取得に必要な資金を含む。）又は住宅の改良に必要な資金の貸付けに係る分割払の定めのある再生債権であって、当該債権又は当該債権に係る債務の保証人（保証会社に限る）の主たる債務者に対する求償権を担保するための抵当権が住宅に設定されているものをいいます（民再一九六条三号）。

「住宅資金貸付債権」の代表例は、住宅の建設・購入や、住宅の敷地の購入に必要な資金の貸付けですが、条文のとおり、それ以外にも住宅の改良（増改築・リフォーム等）に必要な資金の貸付に係る債権も含まれます。これは、住宅の増改築等のための貸付も、租税特例措置法によるいわゆる住宅ローン減税の対象とされ、住宅金融公庫による融資の対象とされているなど、金融実務上、住宅ローンと同様に扱われていることを考慮したものです（以下、このような住宅の建設・購入や、住宅の敷地の購入に必要な資金の貸付け及び住宅の改良に必要な資金の貸付けをあわせて、単に「住宅ローン」ということとします。）。

(2)　また、金融実務においては、当初の住宅ローンの約定利率が現在の金利水準と比べて高い場合に、他の金融機関から融資を受けて、従前の借入先の住宅ローンを完済するという、いわゆる借換えが、しばしば行われています。このような借換えによる新たな住宅ローン（借換えローン）は、いわば従前の住宅ローンと入れ替わったことになるのですから、従前の住宅ローンと性質を同じくするものと考えられます。したがって、このような借換えにより生じた新たな貸付債権も、同様に「住宅資金貸付債権」に該当するものと考えられています（一問一答個再六五頁）。

(3)　住宅ローン以外の債権が被担保債権に含まれている場合

「住宅資金貸付債権」該当性が問題となるのは、住宅に設定された抵当権（又は根抵当権）の被担保債権に、次のような住宅ローン以外の貸付債権が含まれている場合です。

【事例】

住宅に設定された抵当権の被担保債権は、二〇〇〇万円の貸付債権だが、借入資金の使途は、次のとおりであった。

① 借入資金が、住宅購入代金一八五〇万円のほか、仲介手数料、不動産移転登記費用、不動産取得税、火災保険といった、住宅の購入に際して要した費用一五〇万円に充てられた場合（諸費用ローンの事例）

② 借入資金が、住宅購入代金一八五〇万円のほか、再生債務者が従前住んでいた住宅の購入・建築代金にかかる借入の残額一五〇万円の弁済に充てられた場合（建替え、住替えローンの事例）

③ 資金使途は金銭消費貸借契約上明らかになっていないが、住宅購入代金は一八五〇万円であり、その余はそれ以外の使途のための貸付けであると考えられる場合

ア　前記のとおり、「住宅資金貸付債権」の範囲は、条文上、住宅の建設、購入、改良等に必要な費用の貸付債権に限定されています。したがって、事例にあるような、住宅購入時に要した諸費用にかかる貸付債権（諸費用ローン）など、住宅ローン以外の借入れは、原則

として「住宅資金貸付債権」に該当しません。

もっとも、このような原則を貫くと、住宅ローン以外の貸付債権が住宅に設定された抵当権（根抵当権）の被担保債権に含まれている場合、住宅資金特別条項を定めることができず、住宅を手放さずに再生債務者の生活の再建をはかるという法の趣旨を果たすことができなくなります。この場合に住宅を維持しようとするのであれば、再生債務者は住宅ローン以外の部分につき、当該債権者と別除権協定を結ぶなど、個別の交渉を行うほかないこととなりますが、このように被担保債権となっている貸付債権のうち一部を、一般的な別除権付再生債権として扱うことは、通常、一般の再生債権者の利益にはつながりません。また、特に、一本の金銭消費貸借契約で住宅ローンとそれ以外の使途のための貸付けを行っている場合、住宅ローン部分とそれ以外の部分を別異に扱うということが住宅ローン債権者の意思に合致するか、という問題もあり得ます。

そこで、**事例**のような住宅ローン以外の費用にかかる貸付債権が被担保債権となっている場合でも、これを住宅資金貸付債権として扱うか否かについては、住宅ローンとそれ以外の部分の貸付けの使途との関連性や、両者の債権額の割合、貸付けの経緯や金銭消費貸借契約の本数、内容などを考慮して、決すべきと思われます。

イ　諸費用ローンについて

一般に、住宅を購入する際には、仲介業者への手数料、登記手続費用（司法書士への報酬）、各種税金（印紙税、不動産取得税等）、保険料（火災保険、地震保険等）などの費用を支払うための資金が必要となり、再生債務者が、これらについても金融機関から借入れを行うことは、珍しいことではありません。

このような諸費用ローンについては、金融機関が住宅ローンの金銭消費貸借の中に組み込んで、貸付けを行っている事例も見受けられます。こういった実務的な取扱いを前提とすると、住宅ローン債権者の合理的意思解釈として、諸費用ローンについては住宅ローンと一体として扱い、これについて住宅資金特別条項の対象とすることを許容していると認められることも、十分に考えられます。

以上を踏まえれば、建物の抵当権の被担保債権に諸費用ローンが含まれている場合であっても、それのみで「住宅資金貸付債権」に該当しないという扱いはせず、その使途が住宅の建設若しくは購入に密接にかかわる資金に限られているかを個別に判断するのが相当と思われます。この点、**事例**①のように、貸付金の使途が仲介業者への手数料や、登記手続費用、各種税金、保険料といったものであれば、住宅購入に密接に関連する費用と評価しうるところです。また、金銭消費貸借契約書上もその内訳が明確になっている場合は、諸費用ローン部分を住宅資金貸付債権として扱っても、住宅ローン債権者の予見可能性を害するおそれは小さいと考えられます。そのような限定的な費用についての貸付けなのであれば、諸費用ローンの被担保債権全体に占める割合も、自ずと限られるのが通常です。

このように、諸費用ローンについては、個別の事情により、「住宅資金貸付債権」の範囲に含めることができる事例が少なくないと思われます。

ウ　建替えローン・住替えローンについて

法は、住宅資金貸付債権について「住宅」の建設等に要した費用についての貸付債権としており、「住宅」とは、再生債務者が「居住の用に供する建物」をいうのですから、**事例②**のように、再生債務者がかつて住んでいた建物（旧住宅）についての住宅ローン残額（残ローン）については、原則として「住宅資金貸付債権」には当たりません。

したがって、このような債権を被担保債権として住宅に抵当権が設定されているような場合には、住宅資金特別条項を定めることができないのが原則となります。

しかしながら、前記諸費用ローンと同様に、住宅の建替えや住替えに当たって、残ローンと、新住宅の建築費用についての新たな貸付けを一体として、新たな消費貸借契約（残ローン部分については準消費貸借契約）を締結すること自体は、決して珍しいものではありません。このような実情を考慮すれば、従前の住宅についての貸付債権が被担保債権に含まれているというのみで、「住宅資金貸付債権」への該当性を否定するのは妥当でなく、個々の事情や、残ローンと新たな住宅ローンの比率なども考慮して、前記該当性を判断すべきと考えられます。

この点、特に建替えローンの事案では、法が「住宅の改良」について住宅資金貸付債権としていることとの均衡も考慮する必要があります。「住宅の改良」あるいは、リフォームといっても、増築のような元の建物を活かす場合もあれば、建物の骨格部分のみを残して大規模に改築する場合もあり、このような大規模な「住宅の改良」と、建替えを全く別異に扱うのは、その妥当性を欠くと考えられるところです。また、残ローンの内容が、敷地の購入代金を含む場合、敷地が旧建物の建築の際に購入されたものであっても、新建物が同じ敷地に建てられているのであれば、当該敷地の購入代金のための貸付けは、新建物との関係でも、「住宅の用に供する土地」の購入に必要な資金の貸付けに該当すると考えることもあり得ると思われます。

このように、建替えローン・住替えローンの事例では、新建物に設定された抵当権の被担保債権全体に占める、残ローンの割合や、旧住宅と新住宅の関係性（住替えなのか、建替えなのかも含めた、新住宅購入の経緯）、残ローンの内訳（旧住宅の建築費用なのか、敷地の購入代金なのか）についても、再生債務者に明らかにさせたうえで、「住宅資金貸付債権」該当性を判断するのが妥当と考えられます。

エ　他方、**事例**③のように、金銭消費貸借契約書に、貸付金の資金使途が明示されておらず、住宅ローン以外の使途のために貸付金が使われていると考えられるような場合には、まず、再生債務者に対して、その使途を明らかにさせる必要があります。

その結果として、貸付債権が住宅の購入とは全く異なる使途（例えば、再生債務者の事業資金や、自動車ローン、生活費など）に充てられていた場合には、やはり、原則どおり、当該貸付債権は「住宅資金貸付債権」には当たらないとするのが通常です。もっとも、このような場合でも、住宅ローン以外の貸付金が、住宅ローン部分と比較して、ごく少額といえる場合や、明らかになった資金使途が、住宅の購入資金と密接に関連すると認められる場合（「住宅」の従物と評価され得るような動産の購入代金に充てられた場合など）には、例外的な扱いをすることができる場合があり得ると思われます。

このような場合は、金銭消費貸借の内容や、住宅ローン以外の使途に貸付金が充てられた経緯なども精査の上、「住宅資金貸付債権」に当たるか否かを慎重に判断することが必要となります。

なお、例えば実際の住宅の代金額よりも高い価格が住宅ローン債権者に伝えられ、貸付金の一部が事業用資金に流用されたというような事案では、より慎重な審査が必要となると思われます。

(4) 住宅の売主が売買代金債権を被担保債権として抵当権を設定している場合

そのほか「住宅資金貸付債権」該当性で問題となり得るのは、再生債務者が、売主から分割払の約定で住宅を購入し、売買代金債権（又はその一部）そのものが、被担保債権として登記されている場合です。

この点、「住宅資金貸付債権」とは、住宅の建設・購入又は住宅の改良に必要な資金の「貸付けに係る分割払の定めのある再生債権」ですから、売買代金債権自体が被担保債権とされている場合に、条文上これを住宅資金貸付債権に該当するとみるのは困難です。

もっとも、住宅ローン貸付けと売買代金の割賦販売とは、信用を供与しているのが住宅ローン債権者であるか、住宅の売主であるかが異なるのみで、両者の違いは法形式上の違いにすぎないこと、住宅についての割賦売買代金債務も、住宅ローン減税の対象となるとされていること（租税特別措置法四一条一項二号）などから、分割払の約定のある売買代金も、「住宅資金貸付債権」に該当すると扱う考え方もあるようです（条解民再三版一〇三〇頁参照）。

第九章　住宅資金貸付債権に関する特則（各論二）

1　共有不動産に抵当権が設定された住宅ローンを巡る問題

(1)　共同による住宅ローン借入

夫婦や親子が、共同して住宅を購入する際に、住宅について、どのような所有（共有）形態にするか、金融機関から、どのような住宅ローン融資を受けて、どのように抵当権や保証などの担保を設定するかについては、購入資金の借入先となる金融機関が提供する住宅ローンの商品プランによって様々なパターンが見られます。そして、そのパターンによっては、住宅資金特別条項の利用に関して困難な問題が生じる場合があります。

親子が共同で住宅を購入する場合の親子ローンとして、従前、親子が住宅ローンの全額について連帯債務者となって一つの金銭消費貸借契約を締結し、購入する住宅に親子両名を連帯債務者として一個の抵当権を設定する、いわゆる親子リレー方式による住宅ローンが一般的なものとして挙げられていました。この親子リレー方式による住宅ローンの場合は、住宅を所有（共有）する者が、個人再生の申立てをして、住宅資金特別条項を利用することが可能とされています（一問一答個再九四頁）。

(2) 住宅ローンの多様化

共働きの夫婦が、夫婦共有名義で住宅を購入し、双方の将来の収入を引き当てにして住宅ローンを組むパターンとして、例えば、夫婦で四〇〇〇万円の借入をするとして、①夫婦いずれもが四〇〇〇万円の連帯債務者となって一つの住宅ローンを組むという「連帯債務型」、②夫（又は妻）が主債務者となって四〇〇〇万円を借り入れ、妻（又は夫）が連帯保証人となって一つの住宅ローンを組むという「連帯保証型」、③夫と妻が、それぞれの名義で住宅ローンを組む、例えば夫が二〇〇〇万円、妻が二〇〇〇万円の二つの住宅ローンを組むという「ペアローン型」といったものがあるようです。ペアローン型では、お互いに連帯保証をするケースが多いようですから、その場合は、夫が住宅購入に際して負う債務は、夫名義の住宅ローン（主債務）分の二〇〇〇万円と妻名義の住宅ローンの保証債務分二〇〇〇万円となり、同様に、妻が負う債務は、妻名義の住宅ローン（主債務）分二〇〇〇万円と夫名義の住宅ローンの保証債務分二〇〇〇万円となります。

ア　連帯債務型

連帯債務型は、親子リレー方式による住宅ローンと同じで、夫婦のいずれもが、住宅ローン全額四〇〇〇万円についての連帯債務者であり、それを被担保債権として住宅に一つの抵当権が設定されているという状況ですから、金融機関の夫婦いずれに対する債権も住宅資金貸付債権に該当し、夫婦が、同時に個人再生の申立てをしても、どちらかのみが単独で個人再生の申立てをしても、連帯債務型の住宅ローンであることが障害となって住宅資金特別条項を利用できないということはありません。

イ　連帯保証型

連帯保証型は、金融機関の主債務者に対する四〇〇〇万円の貸付債権が住宅資金貸付債権となり、それを被担保債権として住宅に一つの抵当権が設定されるか、又は、保証会社が入って保証会社の主債務者に対する求償債権を被担保債権として住宅に一つの抵当権が設定されるという状況になります（実務上、求償型の抵当権が設定される場合は、被担保債権となる求償債権の元本額を原債権の元本額（四〇〇〇万円）と同額にして抵当権を設定していることが多いと思われます。）。この場合、夫婦併せて四〇〇〇万円の債務を負担して夫婦の収入で返済をしていくという経済実態は連帯債務型と同じですが、連帯保証人となった者に対する保証債務履行請求権は住宅に設定した抵当権の被担保債権とはならず、連帯保証人となった者の立場は、共有持分について物上保証を提供した物上保証人兼連帯保証人となります。

ウ　ペアローン型

ペアローン型は、金融機関の夫に対する二〇〇〇万円の貸付債権と妻に対する二〇〇〇万円の貸付債権とが、いずれも住宅資金貸付債権となり、それぞれの貸付債権を被担保債権として、又は、保証会社が入って保証会社のそれぞれに対する各求償債権を被担保債権として住宅に二つの抵当権が設定されるという状況になります（求償型の抵当権設定における被担保債権となる求償債権の元本額については、イの連帯保証型で述べたのと同様です。）。この場合、夫名義の住宅ローンと妻名義の住宅ローンは、各別の契約関係として締結されますが、経済実態としては、夫婦併せて四〇〇〇万円の債務を負担して夫婦の収入で返済をしていくということになります。そして、互いに連帯保証人になっている場合、イの連帯保証型で述べたのと同様、互いに連帯保証人として負っている配偶者名義の住宅ローンに係る保証債務履行請求権は住宅に設定した抵当権の被担保債権とはならず、物上保証人兼連帯保証人の立場となります。

最近では、親子の場合であっても、親子リレー方式ではなく、ペアローン型の住宅ローンが利用されている例がよく見られますし、夫婦の場合の住宅ローンは、連帯債務型よりも、ペアローン型によるものの方が多いように思われます。

ペアローン型の場合は、後述するように、民事再生法一九八条一項ただし書の文言を形式的に解釈適用すると、債務者以外の者の債務を担保する抵当権が設定されていることになって、住宅資金特別条項の適用が認められないのではないかという問題があります。

しかし、親子や夫婦が共同で住宅ローン借入をするときに、どのような類型の住宅ローンを選択するかについては、金融機関の提案する住宅ローンの商品プランに左右されるところが大きいと思われます。そうすると、形式的な法文解釈により住宅資金特別条項の利用の可否が左右されることは均衡を失することになりますし、住宅資金貸付債権に関する特則が設けられた趣旨に沿わないことになるのではないかと思われます。

住宅ローンの多様化により、住宅資金特別条項の利用の可否に関して、立法時には予想されていなかった問題が生じているとの指摘もあり、立法による手当てが望ましいところではありますが、今後も様々な住宅ローン商品が出現するであろうことを想定すると、立法による解決も容易ではないと思われます。

そこで、実務では、形式的な法文解釈により住宅資金貸付条項の利用の可否を決することはせず、住宅ローンを抱えた個人債務者が生活の本拠である住宅を手放すことなく経済生活の再生を図ることを目的とした住宅資金貸付債権に関する特則の制度趣旨や、各関係者の利益等を十分考慮するなど、実質的な考察を前提として解釈運用をすることとし、事案ごとに、住宅資金特別条項の利用ができるか否かを慎重に検討しているのが実情と思われます（住宅資金特別条項の利用の可否につき形式論理ではなく実質的な観点から解釈運用することの妥当性を示すものとして「個人再生手続の現状と課題（下）」登記情報五四三号六六頁以下参照）。

東京地裁破産再生部では、全件について倒産事件の処理に精通した弁護士を個人再生委員に選任し、個人再生委員の意見を踏まえて手続を進めるという運用をしているため、個別の事案に応じて、住宅資金特別条項の利用の可否を検討して処理しています。

本稿では、よく問題となるいくつかの類型について、説明します。

2　共有者の一方が連帯保証をしている場合

【設例1】

Aは、四〇歳の会社員（年収四〇〇万円）です。妻B（三六歳、会社員、年収二〇〇万円）と子供二人（四歳の長男と、二歳の長女）の家族四人で、東京都内の自宅マンションで暮らしています。自宅マンションは、五年前に結婚した時に、夫婦の共有名義で購入しました。自宅の購入資金は、妻Bが独身時代に貯めた貯金一〇〇〇万円を頭金にして、X銀行で三五〇〇万円の住宅ローンを組み、毎月約一二万円の支払をしています。

共有持分割合は、夫Aの持分を三分の二、妻Bの持分を三分の一にしてあります。住宅ローンは、夫Aが三五〇〇万円全額の主債務者となり、妻Bはその連帯保証人となっており、共有不動産である自宅マンション全体に、夫Aを債務者とするX銀行の抵当権が設定されています。

妻Bが出産・育児で働けず世帯収入が少なくなっていた時期に、銀行のカードローンで生活費や交際費の補填をしたことにより、夫Aは三〇〇万円の、妻Bは二〇〇万円の負債を負ってしまい、毎月の返済が苦しくなっています。

そこで、家計における返済の負担を軽くして、自宅を手放さずに済むように、夫婦ともに個人再生の申立てを考えています。住宅資金特別条項を利用することはできるでしょうか。

【検討】

ア　問題の所在

設例1は、夫Aが主債務者、妻Bが連帯保証人となって、住宅ローンを借り入れ、夫婦の共有不動産全体に、夫Aを債務者とする抵当権が設定されている連帯保証型の事案です。

この事案において、夫婦ともに個人再生の申立てがあった場合に、妻Bの個人再生手続において、X銀行の妻Bに対する保証債務履行請求権をどのように取り扱うかが問題となります。

設例1の事案の場合、夫Aの個人再生手続において、X銀行の夫Aに対する住宅ローン債権が住宅資金貸付債権として住宅資金特別条項の対象となることは問題ありません。そして、夫Aの個人再生手続において住宅資金特別条項を定めた再生計画の認可の決定が確定すると、その住宅資金特別条項の効力は連帯保証人にも及ぶので（民再二〇三条一項）、妻Bにも及ぶことになります。

一方で、妻Bの個人再生手続において、X銀行の妻Bに対する債権は保証債務履行請求権です。個人再生手続における保証債務履行請求権の一般的な取扱いは、民事再生法八六条二項、破産法一〇四条、一〇五条により、保証人について再生手続開始の決定があったときは、保証債務履行請求権を有する債権者は、再生手続開始の時において有する債権の全額について手続に参加することができます。ですから、この一般的な取扱いによると、妻Bの個人再生手続において、夫Aが住宅ローンを組んでいるX銀行の妻Bに対する保証債務履行請求権については、全額につき手続参加することができ、債権者一覧表にも記載することになります。

民事再生法一九六条三号の「住宅資金貸付債権」とは、住宅の建設若しくは購入に必要な資金（住宅の用に供する土地又は借地権の取得に必要な資金を含む。）又は住宅の改良に必要な資金の貸付けに係る分割払の定めのある再生債権であって、当該債権又は当該債権に係る債務の保証人（保証を業とする者に限る。）の主たる債務者に対する求償権を担保するための抵当権が住宅に設定されているもの、と定義付けられていますので、文言上、X銀行の妻Bに対する保証債務履行請求権は、住宅資金貸付債権には該当せず、妻Bの手続においては、住宅資金特別条項を定めることなく、一般の再生債権として権利変更を受ける対象となりそうです。

そうすると、夫Aと妻Bの、それぞれの個人再生手続において、再生計画が認可確定した場合、夫Aの個人再生手続においては、X銀行の夫Aに対する住宅ローン債権は住宅資金特別条項の対象となり、住宅資金特別条項の効力は連帯保証人である妻Bにも及ぶはずであるのに（民再二〇三条一項）、妻Bの個人再生手続においては、X銀行の妻Bに対する保証債務履行請求権が一般条項に従って権利変更を受けることになるという状況となり、双方の手続間で効力が矛盾するという不都合が生じます。

そこで、妻Bの個人再生手続において、X銀行の妻Bに対する保証債務履行請求権を住宅資金貸付債権として取り扱い、住宅資金特別条項の対象とすることができないかが問題となります。

イ　検討

この問題は、民事再生法において住宅資金貸付債権に関する特則が認められた制度趣旨及び民事再生法二〇三条一項の趣旨から検討する必要があります。

民事再生法一九六条以下における住宅資金貸付債権に関する特則では、再生債務者が住宅を手放すことなく経済生活の再生を図ることができるようにするという目的を達成するため、住宅資金特別条項を定めた再生計画の効力を、住宅に設定されている住宅ローン関係の抵当権等にも及ぼすこととし（民再二〇三条一項）、再生債務者が再生計画に基づく住宅ローンの弁済を継続している限り、当該抵当権の実行を回避できるようにしています。これは、民事再生法一七七条二項を適用して住宅資金特別条項を定めた再生計画の効力が連帯保証人に及ばないとすると、再生計画の認可確定後に、住宅ローン債権者が保証人に対して保証債務の履行請求ができることになり、履行をした保証人が民法五〇〇条の規定により住宅ローン債権者に代位して住宅に設定された抵当権を実行すると、住宅資金特別条項を定めた再生計画は意義を失うことになるため、このような事態を回避するべく、民事再生法二〇三条一項は、住宅資金特別条項による期限の猶予等の効果を保証人にも及ぼすこととしたものです（一問一答個再一二〇頁）。

設例1の事案において、X銀行の妻Bに対する保証債務履行請求権が、妻Bの個人再生手続において権利変更された場合、当該保証債務履行請求権は再生計画に従い弁済されるため、妻BがX銀行から一括請求されて、民法五〇〇条の規定により抵当権を代位行使することにはなりません。

もっとも、夫Aの個人再生手続において住宅資金特別条項が利用される以上、X銀行は、妻Bに対する保証債務履行請求権が権利変更を受けることを望まないと思われます。また、連帯保証人である妻Bが個人再生の申立てをして保証債務履行請求権が再生計画の認可確定により権利変更されるという事態が、夫Aの住宅ローンの期限の利益喪失事由に該当することが考えられます。そうすると、夫Aに対して住宅資金特別条項を定めた目的が達成できなくなるおそれがありますので、妻Bに対する保証債務履行請求権について、夫Aのみが個人再生の申立てをした場合と同様に、住宅資金特別条項の効力を及ぼす必要性があるといえます。

設例1の事案のように、妻B自身も住宅資金貸付債権の対象となる「住宅」を所有し、自己の居住の用に供している場合は、X銀行の妻Bに対する保証債務履行請求権は、実質的には、妻が夫とともに負担している住宅ローンとして理解することができます。

また、X銀行の妻Bに対する保証債務履行請求権を住宅資金特別条項の対象として取り扱っても、夫Aが住宅ローンについて住宅資金特別条項に従って弁済を継続している限り、妻Bに対する保証債務履行請求権が現実化することはありませんし、妻Bの他の一般債権者を不当に害することもありません。むしろ、妻Bの個人再生手続において、X銀行の保証債務履行請求権を一般の再生債権として扱うと、通常、その金額は大きく、再生債権総額に占める比率も大きいため、弁済額の大部分を住宅ローンの保証債務履行請求権の支払に充てる再生計画を定めることになりますが、それよりも、夫Aの個人再生手続で住宅資金特別条項を定めた再生計画が認可されるとすれば、妻Bの保証債務が現実化する可能性が低いことの審査を経ているわけですから、現実に支払われることのない保証債務履行請求を除外して妻Bの他の一般債権者に配分することに合理性があり、妻Bの他の一般債権者の利益になるといえます。

設例1の事案を前提として、住宅ローン債権の残額が三二〇〇万円であるとした場合、妻Bの個人再生手続において、X銀行の妻Bに対する保証債務履行請求権を一般債権として基準債権額に含めるとすれば、基準債権総額が三二〇〇万円と二〇〇万円の合計三四〇〇万円となるので最低弁済額は三四〇万円となり、同額を計画弁済総額とすると、妻Bの他の一般債権者に対する弁済率は一〇パーセントとなりますが、X銀行の妻Bに対する保証債務履行請求権を住宅資金特別条項の対象とすることとして除外すれば、最低弁済額は一〇〇万円となり、同額を計画弁済総額とすると、妻Bの他の一般債権者に対する弁済率は五〇パーセントとなります。

以上のような状況をふまえると、**設例1**の事案では、住宅資金貸付債権の特則を定めた制度趣旨からしても、各関係者の利益状況等に鑑みても、妻Bの個人再生事件において、X銀行の妻Bに対する保証債務履行請求権を住宅資金貸付債権として取り扱って住宅資金特別条項の対象とすることは可能であると考えられます。

なお、**設例1**の事案とは異なり、妻Bが住宅を所有（共有）していると認められない場合は、妻Bに対する保証債務履行請求権を住宅資金貸付債権として取り扱うことは難しいと思われます。また、**設例1**の事案を前提として、妻Bのみが単独で個人再生の申立てをした場合は、夫Aの個人再生手続と効力が矛盾するという問題が生じないため、夫婦ともに個人再生の申立てをした場合と同様に考えることはできず、妻Bのみがする個人再生手続において住宅資金特別条項を定めることは困難と思われますので、住宅の保持を希望するのであれば、夫婦ともに申し立てるべきといえるでしょう。

ウ　東京地裁破産再生部の取扱い

東京地裁破産再生部では、**設例1**のような事案で、個人再生委員の意見を踏まえた上で、住宅ローン債権者であるX銀行の同意を得て、妻Bの個人再生手続において、X銀行の妻Bに対する保証債務履行請求権を住宅資金貸付債権とし、住宅資金特別条項の対象として扱った事例があります。その場合の債権者一覧表は、**別表1**のように記載しました。

なお、住宅ローン債権者が、妻Bに対する保証債務履行請求権を住宅資金特別条項の対象とすることについて反対しているとすれば、一般の再生債権として扱わざるを得ないと思われますが、これまでの実例からすると、**設例1**のような事案で、夫Aの個人再生手続の中で住宅資金特別条項を利用することに問題がないような状況であるのに、住宅ローン債権者であるX銀行が、妻Bの個人再生手続の中で妻Bに対する保証債務履行請求権を住宅資金特別条項の対象とすることに反対の意向を示すというようなケースは、ほとんど考えられないと思われます。

エ　保証会社の求償債権が被担保債権となっている場合

設例1の事案を前提にして、住宅ローン債権者であるX銀行の夫Aに対する貸金債権ではなく、保証会社が入ることにより、Y保証会社との保証委託契約に基づく求償債権が被担保債権となる求償型の抵当権が設定されている場合についても検討したいと思います。

このように保証会社が抵当権者となる事案では、妻Bは、Y保証会社の夫Aに対する求償債権の連帯保証人となっているケースが多いようです（中には、妻Bが、X銀行の貸付債権、Y保証会社の求償債権、のいずれについても連帯保証人となっている事案もみかけます。）。

この場合、**設例1**において検討したのと同様に、夫婦ともに個人再生の申立てがあったとして、妻Bの個人再生手続において、Y保証会社の妻Bに対する保証債務履行請求権をどのように扱うかが問題となります。

このような事案において、Y保証会社との間で住宅ローン主債務者に対する求償債権について連帯保証している妻Bが個人再生の申立てをして、求償債権についての保証債務履行請求権を一般の再生債権として権利変更の対象とするとした場合に、X銀行及びY保証会社がどのような対応をとるかについては、契約内容や事案により異なると思われますが、一般的には、夫Aの個人再生手続において、住宅ローン債権につき住宅資金特別条項を利用する以上、保証会社の求償債権についての保証債務履行請求権だけを権利変更の対象とすることを望むとは思われません。また、保証委託契約の内容によっては、Y保証会社による求償権の事前行使が可能になるなど、夫Aの個人再生手続において住宅資金特別条項を定めるにあたって支障が生じるおそれもあります。ですから、この場合も、X銀行の貸付債権の連帯保証人である場合と同様の取扱いをすることが可能であるかを検討することになると思われます（保証会社の夫に対する求償債権についての保証債務履行請求権を住宅資金貸付債権として扱った事例の紹介として、茨木茂「個人再生委員・申立代理人からみた個人再生手続　二一　住宅ローン特則をめぐって」金法一六五八号五〇頁参照）。そして、このような場合は、住宅ローン債権者であるX銀行だけではなく、Y保証会社の意向も確認した上で、求償債権についての保証債務履行請求権を住宅資金貸付債権として住宅資金特別条項の対象とすることに問題がないかを検討すべきと思われます。

3　ペアローンの場合

【設例2】（図面①参照）

A（四三歳、会社員、年収五〇〇万円）は、八年前に妻B（三八歳、会社員、年収三〇〇万円）と共有名義（夫Aの共有持分八分の五、妻Bの共有持分八分の三）で自宅マンションを購入し、その際、X銀行から、住宅ローンとして夫婦合わせて四〇〇〇万円の借入をしました。その内容は、夫Aが二五〇〇万円の主債務者となり、妻Bが連帯保証人となる住宅ローン①と、妻Bが一五〇〇万円の主債務者となり、夫Aが連帯保証人となる住宅ローン②の二本立てのペアローンです。

住宅ローンの抵当権は、共有不動産全体に、夫Aを主債務者とする住宅ローン①と妻Bを主債務者とする住宅ローン②が同順位で設定されています。住宅ローンの月々の支払は、住宅ローン①分が約八万円、住宅ローン②分が約五万円で、家計全体で約一三万円の住宅ローンを支払っています。

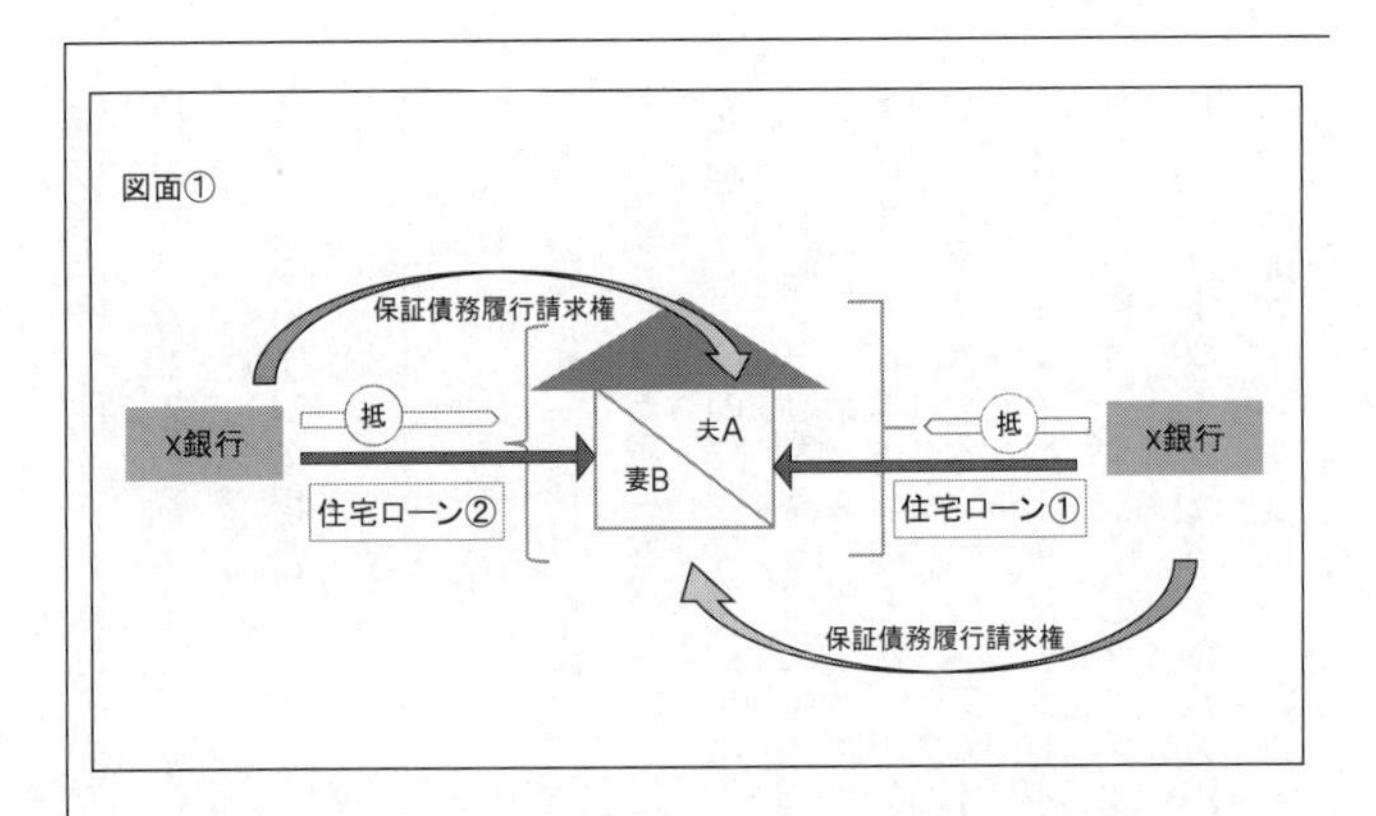

妻Bは、住宅ローン以外の負債はありませんが、夫Aは、FXに手を出して失敗したことにより、住宅ローン以外に総額八〇〇万円の負債を負ってしまいました。今のところ、何とか住宅ローンの支払は続けていますが、毎月の返済は大変苦しくなっています。

そこで、自宅を手放さずに返済の負担を軽くするために、夫Aは個人再生の申立てを考えています。住宅資金特別条項を利用することはできるでしょうか。

【検討】

ア　問題の所在

最近では、夫婦または親子が共有名義で住宅を購入し、それぞれが別個に、同じ金融機関との間で金銭消費貸借契約を締結して住宅ローンを組み、共有不動産の全体に、同順位又は第一、第二順位で、それぞれを債務者とする抵当権が設定されているような事案がよく見られます。これは、双方に収入のある共働きの夫婦や親子が、共同して住宅購入資金を調達し、共有不動産の全体に住宅ローンの抵当権を設定し、協力して返済していくことを予定した住宅ローンの一形態で、ペアローンと呼ばれています。

設例2はペアローン型の事案です。このような事案では、まず、夫Aの個人再生手続において、再生債務者以外である妻Bの債務を担保するため住宅に抵当権が設定されていることになるため、民事再生法一九八条一項ただし書の「住宅の上に第五三条一項に規定する担保権が存するとき」に該当し、住宅資金特別条項を利用することができないのではないかということが問題となります。

イ　民事再生法一九八条一項ただし書の趣旨からの検討

住宅の上に、住宅資金貸付債権又は当該債権に係る保証会社の求償権について設定された抵当権（民再一九六条三号）の他に、民事再生法五三条一項に規定する担保権が存在するときは、住宅資金特別条項を定めることができません（民再一九八条一項ただし書）。これは、民事再生法五三条一項に規定する担保権は、別除権として再生手続によらずに行使することができるため、当該担保権者が担保権の実行として競売等を実施すれば、住宅は売却され、住宅資金特別条項を定める意味がなくなってしまうからです（一問一答個再八〇頁）。

民事再生法一九八条一項ただし書の趣旨が、住宅上に同法五三条一項に規定する担保権が存在する場合には、住宅資金特別条項を定めたとしても当該担保権が実行されてしまえば住宅を失ってしまい、住宅資金特別条項を定める意味がないからであるとすれば、当該担保権が実行されるおそれがない場合であれば、住宅資金特別条項を定めても同条項の趣旨には反しないといえます。

設例2の事案において、妻Bも個人再生の申立てをし、住宅資金特別条項を利用する場合であれば、双方の手続を併せて見ると、夫A及び妻Bの再生計画が同時に認可確定されることによって、それぞれの手続における住宅資金特別条項の効力により、担保権の実行が阻止されることになります。

以上のことから、東京地裁破産再生部では、夫婦ペアローンの場合で、夫婦の双方が個人再生の申立てをした場合には、いずれの手続においても住宅資金特別条項の利用を認めています。

もっとも、**設例2**の場合、妻Bは住宅ローン以外の負債がなく、妻Bについて個人再生の申立てをする必要性が乏しいため、夫Aの単独の申立てであっても、問題となる担保権が実行されるおそれがないと認められるのであれば、民事再生法一九八条一項ただし書の障害はないものとして、住宅資金特別条項の利用を認めてよいかが問題となります。

前述のとおり、東京地裁破産再生部では、全件について倒産事件の処理に精通した弁護士を個人再生委員に選任して、その意見を踏まえて手続を進めるという運用をしていますので、この問題についても、個別の事案ごとに、住宅資金特別条項の利用の可否を検討しています。

そして、**設例2**のようなペアローンの事案で、夫Aのみが個人再生を申し立てた場合、個人再生委員の意見を踏まえて、夫婦の住宅ローン債務の負担の仕方、弁済状況、夫婦の収入状況、住宅ローン債権者の意向などの具体的事情を考慮して、民事再生法一九八条一項ただし書の障害がない、すなわち妻Bを債務者とする住宅ローンに係る担保権が実行されるおそれがない場合と判断される事案においては、住宅資金特別条項の利用を認めています。

設例2の事案において、夫Aが、民事再生法一九九条一項の期限の利益回復型又はそのまま型による住宅資金特別条項を定める予定で、夫婦の家計全体の収支状況からして履行可能性に問題がないことが、前述の各具体的事情の観点から合理的に説明できる状況であるとすれば、夫Aのみが個人再生の申立てをした場合においても、住宅資金特別条項の利用が認められる余地があるということができます。

なお、夫婦の収支がある程度独立した家計状況であったり、住宅ローンの遅滞が相当程度あって履行可能性を慎重に見極めなければならないような事情があったり、民事再生法一九九条一項以外の住宅資金特別条項を定める予定であったりする場合は、夫婦の双方が申立てをして手続を進めるのが相当と思われます。

ウ　ペアローン事案における保証債務履行請求権の取扱い

設例2のように、ペアローンの事案においては、夫婦がお互いの住宅ローンについて連帯保証をしている場合が多いようです。このような場合、**設例1**と同様に、保証債務履行請求権をどのように取り扱うかについても問題となります。

a　夫婦同時申立ての場合

夫婦が同時に個人再生の申立てをし、それぞれの再生計画が認可確定した場合、双方に対する住宅ローン債権については住宅資金貸付債権として住宅資金特別条項の対象となります。一方、双方に対する保証債務履行請求権につき、一般の再生債権として一般条項に従い権利変更を受けるとすると、両者の効力が矛盾するという不都合が生じることは、**設例1**と同じ問題状況です。ペアローンの事案においては、連帯保証人の個人再生の申立て等が主債務である住宅ローンについての期限の利益の喪失事由となっている場合が多く、保証債務履行請求権が一般条項に従い権利変更を受けると、主債務者における住宅ローンの期限の利益喪失が問題となる可能性があり、住宅資金特別条項を定めた目的が達成できなくなるおそれもありますので、保証債務履行請求権について住宅資金特別条項の効力を及ぼす必要性が高いといえます。そして、夫婦がそれぞれの個人再生手続において、主債務である住宅ローンについて住宅資金特別条項を定めた再生計画が認可確定することを前提とすると、双方に対する保証債務履行請求権が現実化する可能性は低く、現実に支払われることのない保証債務履行請求を除外して他の一般債権者に配分する方が、他の一般債権者の利益にもなるといえます。

東京地裁破産再生部では、このような点を考慮して、住宅ローン債権者の意向等を確認し、個人再生委員の意見を踏まえた上、双方の個人再生手続において、双方の保証債務履行請求権を住宅資金貸付債権として取り扱うことを認めた事例があります。

設例2の事案を前提として、夫Aの住宅ローンの残額が二〇〇〇万円、妻Bの住宅ローンの残額が一二〇〇万円であるとして、双方の保証債務履行請求権を住宅資金貸付債権として取り扱う場合の債権者一覧表は、**別表2**のような記載が考えられます。

b　夫の単独申立ての場合

設例2のように、夫Aのみが個人再生を申し立てた場合は、前述のとおり、民事再生法一九八条一項ただし書きとの関係で住宅資金特別条項を利用できるかの判断において、個人再生委員の意見を踏まえて、夫婦の住宅ローン債務の負担の仕方、弁済状況、夫婦の収入状況、住宅ローン債権者の意向などの具体的事情を考慮して、民事再生法一九八条一項ただし書の障害がないかどうかを検討しています。そうすると、妻Bを主債務者とする住宅ローンに係る夫Aの保証債務履行請求権が一般条項に従って権利変更を受けるとした場合に生じ得る、妻Bの住宅ローンについての期限の利益喪失、担保権実行のおそれといった問題が解消されなければ、民事再生法一九八条一項ただし書の障害がないということができず、住宅資金特別条項を利用することはできないことになります。ですから、このような場合にも、住宅ローン債権者の意向等を確認し、個人再生委員の意見を踏まえた上、夫Aの個人再生手続において、妻B名義の住宅ローンについての保証債務履行請求権を住宅資金貸付債権として取り扱うことを認めた事例があります。その場合の債権者一覧表の記載は、**別表2**と同様です。

エ　保証会社の求償債権について互いに連帯保証している場合（図面②参照）

設例1のエにおいて検討したように、ペアローンの事案でも、夫婦がそれぞれX銀行から

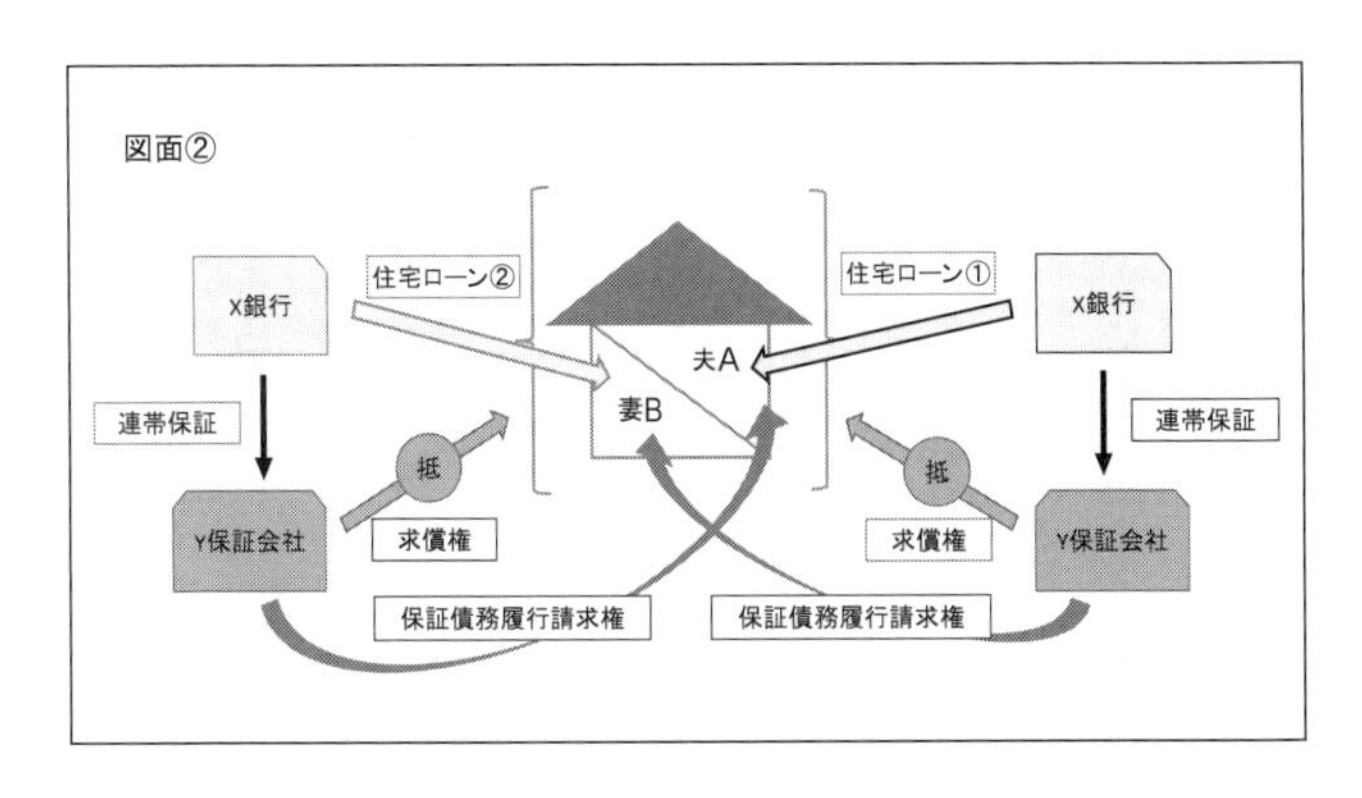

住宅ローンを借り入れた場合、Y保証会社が入ることにより、Y保証会社の夫婦それぞれに対する求償債権を被担保債権とし、夫婦が互いに、Y保証会社の求償債権について連帯保証をしている事案が多くみられます（図面②参照）。

このような事案において、夫Aと妻Bの双方が、又は夫Aが単独で、個人再生の申立てをし、住宅資金特別条項を定める場合に、Y保証会社の求償債権についての保証債務履行請求権をどのように取り扱うかについては、**設例1**のエ、**設例2**のウにおける検討の応用として考えることができます。そして、**図面②**のような事案において、求償債権についての保証債務履行請求権を住宅資金貸付債権として住宅資金特別条項の対象とすることが認められるとした場合の債権者一覧表の記載例として、**別表3**のような記載が考えられます。

また、実務において、**図面②**のような事案を前提として、住宅ローンの遅滞がなく、Y保証会社との保証委託契約上、個人再生の申立てを理由とするY保証会社による事前求償権行使のおそれもないといえる事案において、Y保証会社の有する保証債務履行請求権の主債務である事前求償権が将来の請求権であるとして、保証債務履行請求権を一般の再生債権として債権者一覧表に記載するものの、再生手続開始時の評価額を0円として債権者一覧表に記載するという考え方を採用した処理事例の報告もあります。この考え方を採用した場合の債権者一覧表の記載例として、**別表4**のような記載が考えられます。

4　共有者の一方につき破産申立てをする場合

夫婦共有の住宅に住宅ローンの抵当権が設定されている事案で、夫については住宅資金特別条項の利用を予定して個人再生の申立てをするけれども、妻については自己破産の申立てをするという場合があります。このようなケースでは、住宅資金特別条項の利用にあたって、妻について破産手続が開始されることによる影響を十分に考慮する必要があります。共有不動産の価値や抵当権及び保証など担保の設定等の状況により、影響の程度は様々と思われますが、住宅ローン債権者や保証会社と事前に協議を行い、妻の破産手続を進めても、夫の個人再生手続において住宅資金特別条項を利用することについての障害がないことを十分に確認しておく必要があるでしょう。

別表１

設例１　妻Ｂの個人再生手続における保証債務履行請求権の記載例

<table>
<tr><td rowspan="2">3</td><td>X銀行</td><td>〒
東京都・・・</td><td rowspan="2">・住宅資金貸付債権
・住宅資金特別条項を再生計画案に定める予定
・主債務者　夫A</td></tr>
<tr><td>□貸付金
□立替金
■保証債務</td><td>金 32,000,000 円</td></tr>
</table>

別表２

設例２のウａ　夫Ａの個人再生手続における住宅ローン①及び住宅ローン②に係る保証債務履行請求権の記載例

<table>
<tr><td rowspan="2">3</td><td>X銀行</td><td>〒
東京都・・・</td><td rowspan="2">・住宅資金貸付債権
・住宅資金特別条項を再生計画案に定める予定</td></tr>
<tr><td>■貸付金
□立替金
□保証債務</td><td>金 20,000,000 円</td></tr>
<tr><td rowspan="2">4</td><td>X銀行</td><td>〒
東京都・・・</td><td rowspan="2">・住宅資金貸付債権
・住宅資金特別条項を再生計画案に定める予定
・主債務者　妻B</td></tr>
<tr><td>□貸付金
□立替金
■保証債務</td><td>金 12,000,000 円</td></tr>
</table>

設例２のウａ　妻Ｂの個人再生手続における住宅ローン②及び住宅ローン①に係る保証債務履行請求権の記載例

<table>
<tr><td rowspan="2">3</td><td>X銀行</td><td>〒
東京都・・・</td><td rowspan="2">・住宅資金貸付債権
・住宅資金特別条項を再生計画案に定める予定</td></tr>
<tr><td>■貸付金
□立替金
□保証債務</td><td>金 12,000,000 円</td></tr>
<tr><td rowspan="2">4</td><td>X銀行</td><td>〒
東京都・・・</td><td rowspan="2">・住宅資金貸付債権
・住宅資金特別条項を再生計画案に定める予定
・主債務者　夫A</td></tr>
<tr><td>□貸付金
□立替金
■保証債務</td><td>金 20,000,000 円</td></tr>
</table>

別表3

設例2のエ　夫Aの個人再生手続における住宅ローン①及び住宅ローン②に係る保証会社の求償債権についての保証債務履行請求権の記載例

（代位弁済前で，事前求償権行使の可能性がある場合）

<table>
<tr><td rowspan="2">3</td><td>X銀行</td><td>〒
東京都・・・</td><td rowspan="2">・住宅資金貸付債権
・住宅資金特別条項を再生計画案に定める予定</td></tr>
<tr><td>■貸付金
□立替金
□保証債務</td><td>金20,000,000円</td></tr>
<tr><td rowspan="2">4</td><td>Y保証会社</td><td>〒
東京都・・・</td><td rowspan="2">・住宅資金貸付債権
・住宅資金特別条項を再生計画案に定める予定
・主債務者　妻B</td></tr>
<tr><td>□貸付金
□立替金
■保証債務</td><td>金12,000,000円</td></tr>
</table>

別表4

設例2のエ　夫Aの個人再生手続における住宅ローン①及び住宅ローン②に係る保証会社の求償債権についての保証債務履行請求権の記載例

（事前求償権が発生していない場合）

<table>
<tr><td rowspan="2">3</td><td>X銀行</td><td>〒
東京都・・・</td><td rowspan="2">・住宅資金貸付債権
・住宅資金特別条項を再生計画案に定める予定</td></tr>
<tr><td>■貸付金
□立替金
□保証債務</td><td>金20,000,000円</td></tr>
<tr><td rowspan="2">4</td><td>Y保証会社</td><td>〒
東京都・・・</td><td rowspan="2">・主債務　将来の求償債権
・主債務者　妻B</td></tr>
<tr><td>□貸付金
□立替金
■保証債務</td><td>金0円</td></tr>
</table>

第一〇章　給与所得者等再生

1　給与所得者等再生手続の意義・位置づけ

民事再生法では、個人債務者のための民事再生手続（個人再生手続）として、小規模個人再生（民再二二一条以下）と給与所得者等再生（民再二三九条以下）の二つの手続類型を設けています。給与所得者等再生は、手続利用者を小規模個人再生の対象者から更に絞り込むとともに、一定の基準を超える弁済原資を法定することによって、手続を一層簡素化・合理化した小規模個人再生の特則と位置付けられ、再生債権者による再生計画案の決議を省略し、その同意を要しないものとされている点に最大の特徴があります。

こうした再生計画案の決議をも省略する特則が設けられたのは、債務者が自己の収入の中から精一杯の弁済をするという再生計画を立てた場合には、債権者に当該再生計画案についての拒否権を認める必要はないと考えられたためであり、その前提として、手続利用者が将来の収入の額を確実かつ容易に把握することのできる給与所得者等に限定され、無担保債権に対する弁済総額を可処分所得額の二年分以上とすることが厳格に求められています（一問一答個再二九二頁参照）。

そのため、給与所得者等再生を利用すると、計画弁済額が小規模個人再生を利用する場合に比べて多額となることも多いですが、弁済額の多寡に加え、債権者が再生計画案につき不同意の回答を行う見込みであるなどの手続追行上の事情も勘案し、手続選択が行われています（手続選択上の考慮要素については、個再の手引二版Q96参照）。

2　給与所得者等再生の手続開始要件（収入の安定性等）

(1)　手続開始の要件等

そこで、給与所得者等再生を利用する上での手続開始要件についてみると、まず、民事再生手続一般の手続開始要件として、

①　破産手続開始の原因となる事実の生ずるおそれがあること又は事業の継続に著しい支障を来すことなく弁済期にある債務を弁済することができないこと（民再二一条一項）

②　再生手続開始の申立て棄却事由（民再二五条各号）がないこと

が必要となります（民再三三条一項）。

また、小規模個人再生の手続開始要件である、

③　再生債務者が個人であること（民再二二一条一項）

④　再生債務者が将来継続的に又は反復して収入を得る見込みがあること（同項）

⑤　再生債権の総額（担保付債権など一部債権の額は除外）が五〇〇〇万円を超えないこと（同項）

が必要となります（民再二三九条一項）。

さらに、給与所得者等再生では、これらに加えて、給与所得者等再生の固有の要件として、再生債務者について、

⑥　給与又はこれに類する定期的な収入を得る見込みがある者であって、かつ、その額の変動の幅が小さいと見込まれること（民再二三九条一項、五項一号）

⑦　再生手続開始の申立ての際（債権者が再生手続開始の申立てをした場合には再生手続開始の決定があるまで）に給与所得者等再生を行うことを求める申述をしたこと（同条二項）

⑧　前記⑦の申述が、再申立ての制限（給与所得者等再生における再生計画が遂行された場合における再生計画認可決定確定日、いわゆるハードシップ免責（民再二三五条一項、二四四条参照）が確定した場合における再生計画認可決定確定日、破産免責を受けた場合における免責許可決定確定日から、いずれも七年以内）に抵触しないこと（民再二三九条五項二号）

が必要となります。

このうち、前記⑥の詳細については次項以降で、前記⑦の申述の方式については後記3(1)で述べます。前記⑧は、短期間のうちに債権者の多数の同意なく再度の債務の減免を受けることについてのモラルハザードを防止する趣旨に出たものです。なお、第二章において、小規模個人再生の場合と併せ、手続開始要件を横断的に紹介しており、特に前記①ないし⑤については、そちらを参照してください。

(2) 給与所得者等再生固有の手続利用資格（収入の安定性）について

前記(1)⑥のとおり、給与所得者等再生では、固有の手続利用資格として、「給与又はこれに類する定期的な収入を得る見込みがある者であって、かつ、その額の変動の幅が小さいと見込まれる」（民再二三九条一項）ことが求められています。給与所得者等再生では、再生計画案に対する債権者による決議が不要とされているため、債権者の利益を不当に害することのないよう、手続利用者を安定した定期的収入を得ている給与所得者等に限定し、弁済計画の信頼性の基礎となる将来の収入の確実性を担保しています。

ここで、「給与又はこれに類する定期的な収入を得る見込みがある者」とは、典型的には、源泉徴収票や給与明細表などの客観的な資料により将来の収入額を確実かつ容易に把握することのできる給与所得者が挙げられるほか、年金や恩給によって生計を立てている者もこれに該当し得ます（一問一答個再二七八頁）。もっとも、この趣旨からすると、給与所得者でも、歩合給の割合が多い場合や年俸制の場合、短期的なアルバイト等である場合など、事案によっては収入の安定性が問題となります（後記(3)参照）。

次に、「その額の変動の幅が小さいと見込まれる」ことについては、やはり弁済計画の信頼性の基礎となる将来の収入の確実性を担保する趣旨に出たものであることから、源泉徴収票や給与明細表といった客観的な資料によって疎明される必要があり、再生債務者の職種、給与等の算定基準（固定給か歩合給か等）、過去及び現在の収入の状況、経済情勢などを総合的に考慮して判断されることになりますが、一般的には、計画弁済総額の基礎となる可処分所得額の算定に際し、再生計画案提出前二年間の途中に年収換算で五分の一以上の収入の変動があった場合には特別の算定方法が用いられること（民再二四一条二項七号イ、後記3(3)参照）との対比から、給与等の変動幅が年収換算でみて五分の一未満である場合には、この要件を満たすものと解されています（一問一答個再二七八頁、園尾隆司・小林秀之・山本和彦編『解説・個人再生手続』（弘文堂）一三三頁（田頭章一）参照）。

(3)　収入の安定性が問題となる事例

それでは、設例をもとに収入の安定性が問題となる事例についてみてみましょう。

【設例】

次のような個人債務者は、給与所得者等再生を利用することが可能でしょうか。

① タクシーの運転手をしているAの勤務先の賃金体系は、固定給と歩合給を組み合わせたものであり、年収の約五割は歩合給によるものです。もっとも、月によって売上げの変動はあるものの、年間を通じた売上げは毎年同じようなものであり、ここ数年間、Aの年収の変動の幅はせいぜい一割程度です。

② Bは、この二年間、複数のアルバイトを転々とし、現在はイベント会場の設営などの短期のアルバイトを繰り返して生活しています。もっとも、Bは、趣味の時間を確保するため、どのアルバイトも一定の日数・時間までしか行わず、この二年間のBの年収は結果的にほぼ変わりません。

③ Cは、大手企業で安定した給与を得ながら働いていましたが、一年半前にベンチャー企業に転職をしました。転職先では年俸制がとられており、転職一年目の年俸は転職前の年収の約七割にとどまりましたが、Cの働きが認められ、二年目の年俸はその一・五倍となりました。もっとも、今後の実績次第では、三年目以降の年俸が再び転職一年目の年俸と同程度に下がる可能性があります。

設例①のAは、給与所得者ではありますが、歩合給の割合が高く、収入の安定性の見地から、前記(2)の要件を満たすと認められるかが問題となります。もっとも、歩合給の割合が多いからといって、直ちに要件該当性を否定されるものではなく、過去の実績に照らし、実際に支給されている給与の変動額が小さく、今後も同程度の収入が得られる見込みがあると認められる場合には、前記(2)の要件を満たし、給与所得者等再生の利用が認められます。設例①のAも、過去の実績からは、給与の変動額が小さいといえますので（収入の変動幅は、月収単位ではなく、年収単位で考えることになります（一問一答個再二七九頁）。）、今後も収入状況は変わらないと見込まれるならば、給与所得者等再生を利用することができます。

では、設例②のBのようなアルバイトやパートタイマーの場合はどうでしょうか。その仕事が定期的なものではなく、短期の仕事を繰り返しているような場合や、年収換算による収入の変動額が小さいとはいえない場合には、前記(2)の要件を満たさず、給与所得者等再生の利用を認めることは難しいと考えられますが、他方で、アルバイトやパートタイマーであっても、継続的に勤務し、安定した収入を得ている場合には、前記(2)の要件を満たし、給与所得者等再生の利用を認めることができると考えられます。設例②のBは、ここ二年間の年収がほぼ変わらなかったとしても、複数のアルバイトを転々とし、現在も短期のアルバイトを繰り返している状況で、安定した定期収入を得る見込みがあるとはいい難く、給与所得者等再生を利用することは難しいと考えられます。

最後に、**設例**③のCは、転職により年収換算で五分の一以上の収入の減少が生じていますが、前記(2)の要件を満たすでしょうか。申立て前に転職や再就職をしたため、年収換算で五分の一以上の収入の変動が生じている場合でも、現在の仕事により安定した定期収入が見込まれ、今後については、収入の変動の幅が小さいと見込まれるならば、前記(2)の要件を満たすと判断することができます（もっとも、転職等をしたのが申立ての直前であるような場合には、過去の実績がないため、継続的に安定した収入を得る見込みについて十分な疎明を行うことが求められます。）。ところが、**設例**③のCの場合には、転職先では年俸制がとられており、現在の年俸は転職前の年収より高いようですが、翌年の年俸が大きく下がる可能性もあるようです。年俸制であっても、年俸額の変動率について制限があるなど、年俸額の変動の幅が小さいと見込まれる場合には、前記(2)の要件を満たすことも考えられますが、年俸額について保障がなかったり、そもそも一年単位の雇用契約で契約の更新も保障されていなかったりする場合には、この要件を満たさないと考えられます。**設例**③のCについては、年俸額の保障がなく、給与所得者等再生の利用を認めることはできないでしょう。

これらのほか、問題となる事例として、親族が経営する会社から従業員として給与を得ている場合には、給与の額が安定していても、会社の業績などによっては、その変動の幅が小さいと見込まれるとはいえないことが考えられますし、経営の実態によっては、そもそも再生債務者が給与所得者等に該当しないことも考えられます。

3　給与所得者等再生の手続の概要

(1)　申述の方式及び申立書への添付書類

ア　再生債務者は、再生手続開始の申立てに際し、給与所得者等再生の利用を求めるときは、申立書にその旨を記載して申述する（民再二三九条二項、民再規一三六条一項）とともに、当該申述が手続開始要件を欠くとされた場合に、要件を満たす他の手続（小規模個人再生ないし通常の民事再生手続）の開始を求める意思の有無も記載する必要があります（民再二三九条三項、民再規一三六条二項一号、二号）。東京地裁破産再生部で用いる定型の申立書式では、各手続の利用を検討した上で手続選択が行われている実情等を踏まえ、他の再生手続開始を求めない旨があらかじめ記載されています（個再の手引二版四一二頁、書式2。他の裁判所で利用される書式では、これと異なる記載がされていることもあります。）。

また、再生債務者が、従前、給与所得者等再生による再生計画を遂行し、又はハードシップ免責や破産免責を受けた場合には、当該申述が再申立ての制限期間（前記2(1)⑧）内にされたものではないことを申立書に記載する必要があります（民再規一三六条二項五号）。

申立書のその他の記載事項は、小規模個人再生と共通するものであり、詳しくは第二章を参照してください。

イ　給与所得者等再生においては、後記(3)⑩のとおり、計画弁済総額を可処分所得額の二年分以上とすることが求められているため、申立書の添付書面として、確定申告書の写しや源泉徴収票の写しその他の可処分所得額を明らかにする書面を提出することが求められています（民再規一三六条三項一号）。実務上は、この添付書面の一環として、可処分所得額算出シート（東京地裁破産再生部における書式については、個再の手引二版書式9）の提出を求めています。

(2) 再生計画案の決議の省略と意見聴取手続

これまで述べてきたとおり、給与所得者等再生では、再生計画案の決議が省略されます（民事再生法二四五条、二三八条により、通常の再生手続における再生計画案の決議の規定（第七章第三節）が除外される一方、小規模個人再生における再生計画案の決議を定めた同法二三〇条も準用されません（民再二四四条参照）。）。その代わり、裁判所は、あらかじめ不認可事由（後記(3)参照）があると認める場合を除き、再生計画案の認可についての届出再生債権者の意見を聴く旨の決定（意見聴取決定）をしなければならず（民再二四〇条一項）、当該決定をした場合には、その旨を公告し、かつ、届出再生債権者に対し、再生計画案の内容又はその要旨とともに、不認可事由に該当する事由があるとの意見がある者は裁判所の定める期間（民再規一三九条一項参照）内にその事由を具体的に記載した書面を提出すべき旨を通知しなければなりません（民再二四〇条二項、用紙の送付につき民再規一三九条二項も参照）。そして、当該期間が経過したときは、裁判所は、不認可事由があると認められなければ、再生計画認可の決定をすることになります（民再二四一条一項）。

(3) 再生計画の不認可事由

そこで、給与所得者等再生における再生計画の不認可事由についてみると、再生手続一般の不認可事由（但し、再生計画案の決議が省略されるため、決議が不正の方法により成立したとの事由を除きます。）として、

① 再生手続・再生計画の内容の法令違反（民再二四一条二項一号、一七四条二項一号）

② 再生計画が遂行される見込みがないとき（住宅資金特別条項を定める場合には、再生計画が遂行可能であると認められないとき）（民再二四一条二項一号、一七四条二項二号、二〇二条二項二号）

③ 再生計画が再生債権者の一般の利益に反するとき（清算価値保障原則、民再二四一条二項二号）

④ 住宅資金特別条項を定める場合において住宅の所有権等の喪失が見込まれるとき（民

再二四一条二項三号、二〇二条二項三号）が設けられています。

また、小規模個人再生と共通する不認可事由として、

⑤　再生債権の総額（無異議債権及び評価済債権の総額から担保付債権や劣後債権を除外した額）が五〇〇〇万円の限度額を超えるとき（民再二四一条二項五号、二三一条二項二号）（無異議債権等や後記⑥の基準債権の意義は、**第六章**参照）

⑥　計画弁済総額が、前記⑤の再生債権の総額及び基準債権の額に応じて定まる最低弁済額を下回っているとき（民再二四一条二項五号、二三一条二項三号、四号）

⑦　債権者一覧表にて再生計画案に住宅資金特別条項を定める意思がある旨を記載しながら、再生計画に同条項の定めがないとき（民再二四一条二項五号、二三一条二項五号）

が設けられています。

これらに加えて、給与所得者等再生に固有の不認可事由として、

⑧　再生債務者が、給与又はこれに類する定期的な収入を得ている者に該当しないか、又はその額の変動の幅が小さいと見込まれる者に該当しないとき（民再二四一条二項四号）

⑨　民事再生法二三九条五項二号に規定する事由、すなわち、再生債務者について再申立ての制限（前記**2**⑴⑧）に抵触する事由があるとき（民再二四一条二項六号）

⑩　計画弁済総額が、再生計画案提出前二年間の収入額（変動幅が年収換算で五分の一以上となる場合は別に定める額）等に基づき算定される、再生債務者の可処分所得額の二年分の額以上であると認めることができないとき（同項七号）

が設けられています。

このうち、前記⑧及び⑨は、手続開始要件（前記2(1)⑥及び⑧）と対応するものです（但し、前記⑧については、定期的な収入を得る見込みがある者（前記2(1)⑥）ではなく、現に得ている者であることが求められます。）。前記⑩については、後記4で詳述します。なお、第六章において、小規模個人再生の場合と併せ、再生計画の不認可事由を横断的に紹介しており、特に前記①ないし⑦については、そちらを参照してください。

4　可処分所得額の算定方法と算定上の留意点

(1)　可処分所得要件の意義

給与所得者等再生において再生計画案の決議が省略されているのは、再生債務者が自己の収入の中から精一杯の弁済をするという再生計画を立てた場合には、再生債権者に当該再生計画案についての拒否権を認める必要がないと考えられたからであり、計画弁済総額を可処分所得額の二年分以上とすることを求める前記3(3)⑩の再生計画の不認可事由（可処分所得要件）は、再生計画案の決議を省略する代わり、再生債権者の利益を確保する趣旨に出たものということができます。そして、計画弁済の期間は、小規模個人再生の場合と同様、原則三年（特別の事情がある場合には五年）ですから（民再二四四条、二二九条二項二号）、再生債務者は、可処分所得額の二年分以上を三年（ないし五年）で弁済することになります。では、二年分の可処分所得額は、どのように算定されるのでしょうか。

(2) 原則的な算定方法

再生債務者の定期的な収入につき、再生計画案提出前二年間に年収の五分の一以上の収入の変動がないという原則的な場合の可処分所得額の算定方法は、次アないしウのとおりです（民再二四一条二項七号柱書き、同号ハ）。

ア　再生計画案提出前二年間の一年当たりの手取収入額の算定（同号ハ）

①　まず、源泉徴収票等の客観的な資料に基づく収入実績から、再生計画案の提出前二年間の再生債務者の収入の合計額を算定します。

②　同様に、源泉徴収票や課税証明書等の客観的な資料に基づき、前記①の収入額に対応する二年分の租税（所得税・住民税）及び社会保険料に相当する額を算定します。

③　そして、前記①の収入額から前記②の租税等の額を控除した上、更にこれを二で除することにより、一年当たりの手取収入額を算定します。

実務上は、例えば、収入についていえば、再生債務者において、取得可能な過去二年分の源泉徴収票等に基づき、可処分所得額算出シート（前記3(1)イ参照）にその二年分の収入額を記載し、以って、再生計画案提出前二年分の収入額とするなどしています（個再の手引二版Q99参照）。

イ　最低生活費の控除による一年当たりの可処分所得額の算定（同号柱書き）

次に、前記アで算定した一年当たりの手取収入額から、再生債務者及びその扶養を受けるべき者の最低限度の生活を維持するために必要な一年分の費用の額を控除し、一年当たりの可処分所得額を算定します。

ここでいう一年分の最低生活費は、再生債務者及びその被扶養者の年齢及び居住地域、被扶養者の数、物価の状況その他一切の事情を勘案して政令で定めるものとされており（同条三項）、具体的には、民事再生法第二四一条三項の額を定める政令（以下「政令」といいます。）において、次のような費目が定められています。

・　個人別生活費（政令二条）

食費や被服費など、個人単位で要する生活費を定めたものです。再生債務者及び被扶養者のそれぞれにつき、居住地域の区分（全国の市区町村を六つに分類）ごとに定められた年齢別の基準額を算出し、合計した額によります。なお、被扶養者については後記(4)イで、年齢の基準日については後記(4)アで述べます。

・　世帯別生活費（政令三条）

水道光熱費や家具・什器費など、世帯全体でまとめて支出される経費を定めたものです。世帯単位で、居住地域の区分と再生債務者及び被扶養者の人数に応じた基準額によります。再生債務者と被扶養者が別居している場合には、それぞれの住居ごとに地域・人数に応じた基準額を算出し、合計します（後記の冬季特別生活費及び住居費も同様。後記(4)イ参照）。

・　冬季特別生活費（政令四条）

冬季の暖房費等、寒冷地域における光熱費の負担等を加味した費目であり、居住地域の区分や冬季特別地域の等級（寒冷地ほど等級が高い）と再生債務者及び被扶養者の人数に応じた基準額によります。

・　住居費（政令五条）

居住建物に関する家賃等の住居費の評価額であり、都道府県ごとの居住地域と再生債務者及び被扶養者の人数に応じた基準額によります。もっとも、いわば上限額であり、実際の家賃や住宅ローンの弁済見込額などの実情に応じた減額も行われます（後記(4)の各設例参照）。

・　勤労必要経費（政令六条）

再生債務者の収入が勤労に基づく場合の必要経費の評価額であり、居住地域の区分や収入額に応じた基準額によります。不動産の賃貸による賃料収入など、勤労に基づかない収入がある場合には、当該収入については勤労必要経費の額はないものとされます（同条三項）。

このように、前記アの額が実績に基づくのに対し、ここでいう最低生活費は、原則として実際に要した費用ではなく、あらかじめ政令で定められた額により計算される点に注意を要します。政令の各費目の算定上の留意点については、個人債務者再生制度研究会編『給与所得者等再生のための最低生活費算出の手引（第二版）』（民事法研究会）（以下「最低生活費算出手引二版」といいます。）が参考になります（個再の手引二版Q98、99、100も参照）。

ウ　二年分の可処分所得額の倍数計算（民再二四一条二項七号柱書き）

前記イの一年当たりの可処分所得額に単純に二を乗じ、二年分の額とします。

ここまでのアないしウの算定過程を計算式で表すと、次のようになります。

> （計算式）
> ｛（2年分の収入−2年分の租税等）×1／2−1年分の最低生活費｝×2

(3)　特別の算定方法

再生債務者の定期的な収入につき、再生計画案提出前二年間に年収の五分の一以上の変動を生じる事由が生じた場合（民再二四一条二項七号イ）又は再生計画案提出前二年間の途中で給与所得者等再生の利用適格者となった場合（同号ロ）の可処分所得額の算定方法は、次のアないしウのとおりです。

ア　一年当たりの租税等控除後の収入額の算定（同号イ及びロ）

①　まず、変動事由が生じた時点や手続利用適格者となった時点から、再生計画案提出時までの収入の合計額を算定します。

②　同様に、前記①の収入額に対応する期間の租税（所得税・住民税）及び社会保険料に相当する額を算定します。

③　そして、前記①の収入額から前記②の租税等の額を控除した上、これを一年分に換算し、一年当たり租税等控除後の収入額を算定します。

例えば、再生債務者が計画案提出の六か月前に再就職をした場合、給与明細等から判明する六か月分の額面収入額（通勤手当を除く。後記(4)ウ参照）から、その期間の所得税、住民税及び社会保険料を控除し、これを一年分に換算し直します。

イ　最低生活費の控除による一年当たりの可処分所得額の算定（同号柱書き）

次に、前記アで算定した一年当たりの租税等控除後の収入額から、一年分の最低生活費の額を控除し、一年当たりの可処分所得額を算定します（前記(2)イと同じ）。

ウ　二年分の可処分所得額の倍数計算（同号柱書き）
　前記イの一年当たりの可処分所得額に単純に二を乗じ、二年分の額とします（前記(2)ウと同じ）。
　このアないしウの算定過程を計算式で表すと、次のようになります。

（計算式）
｛（Xか月分の収入－Xか月分の租税等）×12／X－1年分の最低生活費｝×2
＊Xは、変動事由が生じた時点又は手続利用適格者になった時点から再生計画案提出時までの月数

(4)　算定例と算定上の留意点

　それでは、次の各設例のAないしCが給与所得者等再生を利用し、再生計画案を提出しようとする場合、可処分所得額はどのように算定されるでしょうか。なお、各設例における再生計画案提出の日は、いずれも平成三〇年一一月一日とし、各設例中の人物の年齢は、いずれも平成三一年四月一日現在のものとします。また、各設例中の税及び社会保険料額は、便宜上の数字であり、実際の金額とは限りません。

ア　設例1

A（男性、三八歳）は、東京都足立区に居住し、被扶養者である妻（四〇歳）及び長女（八歳）と同居しています。住居については、アパートを賃借し、月々、六万円の家賃のほか、五〇〇〇円の共益費を支払っています。車を所有していますが、住居に駐車場がないため、近隣の駐車場を月一万円の賃料で借りています。Aの過去二年分の収入額は一〇〇〇万円であり、その間の所得税額相当額は一〇万円、住民税額相当額は二六万円、社会保険料相当額は一一七万円です。妻は、パートタイムで働いており、月七万円程度の収入があります。

設例1のAの可処分所得額の算定過程は、次の①ないし⑩のようになります。

（一年当たりの租税等控除後の収入額（手取収入額）の算定）

① 過去二年分の収入額　一〇〇〇万円

なお、被扶養者に収入があっても、これを加える必要はありません。

② その間の租税等相当額の合計額　一五三万円

③ 差引額（①－②）×1／2　四二三万五〇〇〇円

（最低生活費の控除による一年当たりの可処分所得額の算定）

④　個人別生活費の合計額　　一四四万三〇〇〇円

Aらが居住する東京都足立区は、政令別表第一の第一区に当たり、Aらの個人別生活費は、各人の年齢に応じ、A本人（三八歳）が四九万九〇〇〇円、妻（四〇歳）が四八万八〇〇〇円、長女（八歳）が四五万六〇〇〇円となります（政令別表第二の一）。なお、ここでいう年齢は、再生債務者が再生計画案を提出した日以後の最初の四月一日における年齢とされており（政令二条二項）、申立て時点や再生計画案提出時点の年齢ではないことに注意を要します。

⑤　世帯別生活費（第一区／三人）　　六四万七〇〇〇円（政令別表第三の一）

⑥　冬季特別生活費（第一区／三人）　　二万四〇〇〇円（政令別表第四の一）

⑦　住居費　　七二万円

住居費（東京都／第一区／二人以上七人未満）の基準額は八三万五〇〇〇円とされていますが（政令別表第六）、一般弁済期間における居住建物の借賃の一年当たりの支払見込額が基準額を下回る場合には、当該支払見込額を住居費とするものとされています（政令五条二項二号。なお、建物を所有する場合や使用貸借の場合については、後記**設例2**及び**3**を参照してください。）。**設例1**の場合、家賃六万円がこの借賃に当たる一方、共益費や住居の賃貸借と一体でない駐車場の賃料は借賃の定義に当たらないと思われます（最低生活費算出手引二版三四頁）。そして、家賃の一年当たりの支払見込額（七二万円）は前記の基準額を下回りますから、当該支払見込額が住居費の額となります。

⑧　勤労必要経費（第一区／年収二五〇万円以上）　五五万五〇〇〇円（政令別表第七の一）

⑨　差引額（③－（④＋⑤＋⑥＋⑦＋⑧））　八四万六〇〇〇円

（二年分の可処分所得額の算定）

⑩　⑨×2　一六九万二〇〇〇円

イ　**設例2**

B（女性、四八歳）は、東京都新宿区のB所有のマンション（B名義の住宅ローンの残債務あり）に居住し、被扶養者である次男（一八歳）と同居しています。大学生の長男（二〇歳）は、札幌市で下宿し（住民票上の住所は東京都）、Bがその家賃月額六万円や生活費を負担しており、所得税法上の扶養親族となっていますが、長男もアルバイトで月五万円程度の収入を得ています。他方、転職を繰り返していた夫は、石川県の実家の家業を継ぐことを決意し、現在、夫の両親の持ち家に居住していますが、まだ自身の収入は少ないようです。Ｂの過去二年分の収入額は一四〇〇万円であり、その間の所得税相当額は三四万円、住民税相当額は五八万円、社会保険料相当額は二一四万円です。また、住宅資金特別条項による住宅資金貸付債権に対する一年当たりの弁済見込額は一二〇万円です。

設例2のＢの場合、別居の親族がいるため、可処分所得額算定の前提として、被扶養者として認められる範囲が問題となります。

この点について、民事再生法にも政令にも被扶養者の具体的な定義がないところ、所得税法上の控除対象配偶者又は扶養親族とされている者が一つの目安となりますが（最低生活費算出手引二版二二頁参照）、これに限るものではないと解されます。もっとも、所得税法上の控除対象配偶者又は扶養親族の収入要件を超える収入を得られると見込まれる者や、現実には再生債務者以外の者が扶養している者は、被扶養者とは認められないでしょう。

また、民事再生法上も政令上も同居することが被扶養者の要件とはされていないため、別居する親族でも被扶養者となり得ます。**設例2**のＢの長男のような下宿する大学生の子がいる場合や、再生債務者が単身赴任中で扶養親族と同居していない場合などが考えられます。

もっとも、別居する親族の場合、所得税法上の控除対象配偶者又は扶養親族とされている者は格別、そうでない者については、そもそも扶養の事実を推認させる事情が乏しいことから、扶養の事実について同居する場合に比べてより高い程度の疎明が求められ、例えば、離婚した配偶者が養育する子の養育費を支払っているというだけではその子を被扶養者とは認め難いと考えられます（個再の手引二版Q100参照）。

設例2では、Bの長男は被扶養者と認められますが、Bの夫は収入が少なくても被扶養者とは認め難く、Bの長男及び次男を被扶養者として算定します。

（一年当たりの租税等控除後の収入額（手取収入額）の算定）

① 過去二年分の収入額　一四〇〇万円

別居の被扶養者についても、その収入を加える必要はありません（他方、最低生活費の算定上は、住居ごとの世帯別生活費や住居費を費用に加えます。）。

② その間の租税等相当額の合計額　三〇六万円

③ 差引額（①－②）×1／2　五四七万円

（最低生活費の控除による一年当たりの可処分所得額の算定）

④ 個人別生活費の合計額　一四七万九〇〇〇円

Bと次男が居住する東京都新宿区は政令別表第一の第一区に該当し、B（四八歳）の額が四七万八〇〇〇円、次男（一八歳）の額が五二万四〇〇〇円となります（政令別表第二の一）。

また、長男が居住する北海道札幌市は政令別表第一の第二区に該当し（住民票上の住所地ではなく、実際の居住地を基準とします。）、その年齢（二〇歳）に応じた額は四七万七〇〇〇円となります（政令別表第二の二）。

⑤　世帯別生活費の合計額　一〇八万六〇〇〇円

別居する被扶養者がある場合には、住居ごとの基準額を合計します（政令三条二項）。Bが居住する住居（第一区／二人）の額は五八万三〇〇〇円（政令別表第三の一）、長男が居住する住居（第二区／一人）の額は五〇万三〇〇〇円（政令別表第三の二）となります。

⑥　冬季特別生活費の合計額　一三万八〇〇〇円

前記⑤同様、住居ごとの基準額を合計します（政令四条二項）。Bが居住する住居（第一区／二人）の額は二万円（政令別表第四の一）、長男が居住する住居（第二区／第一級地（北海道）／一人）の額は一一万八〇〇〇円となります（政令別表第四の二、第五）。

⑦　住居費　一二四万二〇〇〇円

前記⑤、⑥同様、住居ごとの基準額を合計します（政令五条三項）。Bが居住する住居（東京都／第一区／二人以上七人未満）の住居費の基準額は八三万五〇〇〇円とされているところ（政令別表第六）、再生債務者が居住建物を所有し、当該建物についての住宅資金貸付債権に係る債務の一般弁済期間中の一年当たりの支払見込総額が基準額を下回る場合には、当該支払見込総額が住居費となりますが（政令五条二項四号）、**設例2**ではその支払見込総額（一二〇万円）が基準額を上回るため、基準額の方が住居費の額となります。また、長男が居住する住居（札幌市／第二区／一人）の住居費の基準額は四〇万七〇〇〇円であり（政令別表第六）、一年当たりの家賃の支払見込総額（七二万円）を下回るため、基準額が住居費の額となります。

⑧　勤労必要経費（第一区／年収二五〇万円以上）　五五万五〇〇〇円（政令別表第七の一）

⑨　差引額（③－（④＋⑤＋⑥＋⑦＋⑧））　九七万円

（二年分の可処分所得額の算定）

⑩　⑨×２　一九四万円

ウ　**設例3**

C（男性、五五歳）は、東京都江東区でCの母（七五歳）が所有する建物にその母とともに居住しており、家賃や住宅ローンの支払はありません。年金受給者である母は、Cの所得税法上の扶養親族となっており、慢性疾患がある上に足が不自由であるため、医療費や介護費が同じ歳の近所の方よりも特に多くかかっています。Cは、大手企業に勤めていましたが、母の介護の時間を確保するため、年収が三割程度減るものの、再就職をして平成三〇年六月から勤務を始めたところ、同年一〇月までの五か月間の給与の合計は一二五万円であり、これとは別に通勤手当五万五〇〇〇円（半年分）も受け取っています。その間の所得税相当額は一万五〇〇〇円、住民税相当額は三万五〇〇〇円、社会保険料相当額は一七万五〇〇〇円です。

最後に、再生計画案提出前二年間の途中で転職をした設例3のCの場合における算定過程をみていきます。

（一年当たりの租税等控除後の収入額（手取収入額）の算定）

①　再就職からの五か月分の収入額　　一二五万円

なお、これとは別に通勤手当が支給されていますが、これを収入額に加算する必要はありません（個再の手引二版四三四頁参照）。

②　その間の租税等相当額の合計額　　二三万五〇〇〇円

③　差引額（①−②）×12／5　　二四六万円

（最低生活費の控除による一年当たりの可処分所得額の算定）

④　個人別生活費の合計額　　一一〇万二〇〇〇円

C（第一区／五五歳）　四七万八〇〇〇円（政令別表第二の一）

母（第一区／七五歳）　六二万四〇〇〇円（政令別表第二の一）

設例3では、Cの母について医療費や介護費の支出が特に多いとされていますが、可処分所得要件は、債権者の同意を要しないこととする代わり、客観的に把握し得る将来収入から一律の最低生活費を控除した可処分所得額の弁済を求めるものであり、政令に定めのない個別事情を考慮することはできません（最低生活費算出手引二版三二頁参照）。

⑤　世帯別生活費（第一区／二人）　五八万三〇〇〇円（政令別表第三の一）

⑥　冬季特別生活費（第一区／二人）　二万円（政令別表第四の一）

⑦　住居費　なし

親族が所有する建物を使用貸借により利用する場合など、再生債務者が借賃を支払わない場合には、住居費はないものとされます（政令五条二項一号）。

⑧　勤労必要経費（第一区／年収二五〇万円以上）　五五万五〇〇〇円（政令別表第七の一）

⑨　差引額（③－（④＋⑤＋⑥＋⑦＋⑧））　二〇万円

（二年分の可処分所得額の算定）

⑩　⑨×2　四〇万円

第一一章　個人再生手続の終結、廃止、再生計画の変更・取消し・ハードシップ免責

1　個人再生手続の終結

(1)　個人再生手続は、再生計画認可決定が確定すると、当然に終結します（民再二三三条、二四四条）。そのため、裁判所が、再生計画認可決定の確定後の再生債務者による再生計画の履行（再生債権に対する弁済）の監督に関与することはありません。また、終結に伴って個人再生委員の職務も当然に終了するため、通常の再生手続のように、監督委員が認可決定の確定後最長三年間、再生計画の履行を確保するために監督する（民再一八六条二項）といった措置も、個人再生手続では講じられていません。これは、個人再生手続においても、履行確保の重要性は変わらないものの、再生計画の履行を監督する機関に費用と報酬を支払うより、その分を再生債権者への弁済に振り分けた方が合理的であるという理由によるもの

です（一問一答個再二四九頁）。

個人再生手続において、裁判所が再生計画認可決定の確定後に関与する場面は、①再生計画の変更（民再二三四条、二四四条）、②ハードシップ免責（民再二三五条、二四四条）、③再生計画の取消し（民再一八九条、二三六条、二四二条）の各申立てがあった場合に限られることになります。

(2) 以上からすると、再生計画の履行は、再生債務者自身に大きく委ねられているといえます。とはいえ、再生債務者代理人がいる場合、再生債務者代理人が履行の確保に全く関与しないとすれば、再生債権者としては、再生計画の履行可能性に強い不安を感じるでしょうし、個人再生手続の制度そのものに対する信頼も大きく損なわれるでしょう。再生債務者代理人には、再生計画の履行の確保に関与することが期待されているといえます。

東京地裁破産再生部では、再生計画に添付する「再生計画による返済計画表（案）」（個再の手引二版の書式二一）に、返済計画表に関する問合せ先として、再生債務者代理人の電話番号及びファックス番号を記載することを求めています。これは、再生計画案の決議時において再生債権者が再生計画の不明点を問い合わせるための連絡先として記載を求めているだけでなく、再生計画の履行時における再生債権者の問合せ先として機能させる趣旨で記載を求めているものです（個再の手引二版四五七頁）。

2　個人再生手続の廃止

(1)　個人再生手続は、再生計画認可の決定の確定により終了しますし（民再二三三条、二四四条）、再生計画不認可決定の確定によっても終了しますが、その他の終了事由として、再生手続の廃止決定の確定があります。廃止とは、再生手続の途中で、手続の目的が達成し難いことが判明した場合に再生手続を打ち切るもので、将来に向かってその効果を発生させるものです。廃止事由は、小規模個人再生と給与所得者等再生とで異なりますので、それぞれ分けて論じていきます。

(2)　小規模個人再生は、通常の再生手続の特則ですので、通常の再生手続の廃止事由、すなわち、①決議に付するに足りる再生計画案の作成の見込みがないことが明らかな場合（民再一九一条一号）、②再生計画案提出期間又はその伸長期間内に再生計画案の提出がないか、期間内に提出された再生計画案が決議に付するに足りない場合（民再一九一条二号）、③再生計画案が否決された場合（民再一九一条三号）、④債権届出期間の経過後で再生計画認可決定の確定前に民事再生法二一条一項所定の再生手続開始事由の不存在が明らかになった場合（民再一九二条一項）、⑤再生債務者の義務違反がある場合（民再一九三条一項）は、小規模個人再生手続の廃止事由にもなります（民事再生法二三八条は、一九一条、一九二条一項及び一九三条一項の適用を除外していない。）。

なお、個人再生手続では監督委員の選任や認否書の提出制度がありませんので、⑤のうち民事再生法一九三条一項二号後段及び同項三号所定の事由は、廃止事由になりません。また、個人再生手続は、再生計画の認可決定確定により当然に終結するため（民再二三三条、二四四条）、再生計画認可決定の確定後の廃止に関する民事再生法一九四条は適用されないと解されます。①～④の場合は廃止が必要的ですが、⑤の場合に廃止するかどうかは裁判所の裁量に委ねられています。

以上のほか、小規模個人再生に特有の廃止として、⑥議決権者不同意による廃止（民再二三七条一項）があります。個人再生手続では、通常の再生手続と異なり、可決要件を消極的同意に緩和していますが（民再二三〇条六項）、再生計画案に同意しない旨を書面で回答した議決権者（債権者）が頭数で半数以上である場合又は議決権額で二分の一を超えた場合には、再生計画案が可決される見込みがありません。この場合、手続を進める意味がないので、裁判所は、職権で再生手続を廃止しなければなりません（民再二三七条一項）。なお、民事再生法二三八条は、小規模個人再生につき、再生計画案の否決廃止（前記③）の規定（民再一九一条三号）を適用除外としていませんが（なお、そもそも廃止事由にならないという解釈もあり得ます。新注釈民再二版（下）二〇六頁）、東京地裁破産再生部では、前記⑥の廃止事由が認められる場合には、これを理由として直ちに廃止決定をしています（個再の手引二版四六一頁）。

また、⑦財産目録記載義務違反による廃止（民再二三七条二項）も、小規模個人再生に特有の廃止といえます。小規模個人再生では、対象となる事件の規模が通常の再生手続の場合と比べて小さいため、費用対効果の観点から監督委員や調査委員の制度を設けず（民事再生法二三八条による第三章第一節及び第二節の適用除外）、任意的機関である個人再生委員の制度のみを設けています（民再二二三条）。その結果、再生債務者の財産に関する情報は、再生債務者自身が提出する財産目録に大きく依存することになります。再生債務者が財産目録に記載すべき財産を記載せず、あるいは不正の記載をした場合には、債権者が適正に議決権を行使できず、裁判所の不認可事由の判断（民再一七四条二項）も適正に行われなくなってしまいます。そこで、民事再生法は、こうした事態を防ぐため、再生債務者に対する制裁として、財産目録記載義務の違反がある場合、再生手続を廃止できることにしました（一問一答個再二六七頁）。

(3)　給与所得者等再生では、民事再生法二四五条により一九一条の適用が除外されるため、前記①〜③は廃止事由になりません（ただし、後記⑧⑨は、実質的には、①②に相当します。）。また、給与所得者等再生では、再生計画の決議という概念がありませんので、前記⑥

も廃止事由になりません。廃止事由になるのは、前記④、⑤（民事再生法二四五条は、一九二条一項及び一九三条一項の適用を除外していない。）、⑦（民再二四四条、二三七条二項）のほか、次の場合です。

⑧不認可事由のいずれにも該当しない再生計画案の作成の見込みがない場合（民再二四三条一号）、例えば、再生手続又は再生計画に関する法律違反、給与所得者等再生の利用資格の喪失などにより、認可の見込みのある再生計画案を作成できないことが明らかになった場合には、再生手続を進める意味がないので、裁判所は職権で再生手続を廃止すべきこととされています。

また、⑨再生計画案の提出期間内に再生計画案の提出がないか、提出された再生計画案に不認可事由がある場合（民再二四三条二号）も、同様に、再生手続を進める意味がないので、裁判所は職権で再生手続を廃止すべきこととされています。

(4) 東京地裁破産再生部において、最も多い廃止類型は、議決権者不同意による廃止（前記⑥）と、履行可能性に問題があり再生計画案の作成の見込みがないことが明らかになった場合の廃止（前記①⑧）です（個再の手引二版四六二頁）。

(5) 再生計画案の不認可決定が確定した場合や再生手続の廃止決定が確定した場合、再生手続が終了しますが、当然に破産手続に移行するわけではありません。民事再生法二五〇条は、これらの場合などに、裁判所が職権で破産手続開始の決定をすることを認めていますが（いわゆる牽連破産）、要件を満たす場合でも、破産手続開始の決定をするかどうかは、裁判所の裁量に委ねられています。

東京地裁破産再生部では、再生意欲のある者が牽連破産をおそれ、個人再生手続の中立てを控えてしまうことを懸念し、原則として牽連破産を行っていません。再生債務者が自ら積極的に破産を希望した場合は別かもしれませんが、平成二二年以降、牽連破産の例はありません（個再の手引二版四六五頁）。

3　再生計画の取消し

(1)　個人再生手続の終了事由ではないものの、再生計画の認可決定確定後に、当該再生計画の効力を失わせるものとして、再生計画の取消しがあります。

裁判所は、再生計画認可決定の確定後、再生債務者が再生計画どおりに債務を弁済しないなどの場合、再生債権者の中立てに基づき、再生計画を取り消す決定をすることができます（民事再生法一八九条）。ただし、民事再生法二三八条は、再生手続全般における再生計画の取消しを定めた一八九条の適用を除外していません。個人再生手続に特有の取消事由は、民事再生法二三六条、二四二条に定められています。）。

再生計画の取消しは、再生手続の適正な追行及び再生計画の履行確保を図る手段として位置づけられ、衡平の観点から再生計画を維持することが相当ではない場合、再生債権者のイニシアチブにより、再生計画の効力を失わせるものです。すなわち、再生債権者としては、再生計画の履行がされない場合、権利行使しようとしても請求可能な金額が再生計画により減額された金額に限られるため、自身の債権を権利変更前の状態に戻した上で請求したいと考えるはずです。そのための手段が再生計画の取消しです。再生債権者は、再生計画が取り消されれば、債務名義を獲得するなどして再生債務者の責任財産に執行をかけるか、破産手続開始の申立てを行うことにより、具体的な債権の回収を図ることになります。また、再生債務者としても、再生計画を履行しなければ再生計画の取消しという制裁を受けることを踏まえると、できる限り再生計画を履行しようと考えるはずですから、再生計画の取消しの制度は、履行確保を図る機能を持っているといえます（新注釈民再二版（下）一八七頁）。

(2)　再生計画の取消事由は、小規模個人再生の場合と給与所得者等再生とで異なります。

小規模個人再生手続における再生計画の取消事由は、通常の再生手続の取消事由、すなわち、再生計画認可の決定確定後に、①再生計画が不正の方法により成立したことが判明した場合（民再一八九条一項一号）、②再生債務者が再生計画の履行を怠った場合（民再一八九条一項二号）、③再生債務者が民事再生法四一条一項又は四二条一項の規定に違反したことが判明した場合（民再一八九条一項三号）のほか、④再生計画の計画弁済総額が、実際には、再生計画認可決定があった時点で再生債務者に破産手続が行われた場合における基準債権に対する配当の総額を下回っていたことが判明した場合（民再二三六条、清算価値保障原則）です（前記民再一八九条の事由については、民事再生法二三八条が一八九条の適用を除外していないことから、小規模個人再生でも取消事由になります。）。なお、②の場合、再生計画の取消しの申立てができるのは、再生計画によって認められた権利の全部（履行された部分を除く）について、裁判所が評価した額の一〇分の一以上に当たる権利を有する再生債権者であり、かつ、その有する履行期限が到来した当該権利の全部又は一部について履行を受けていないものに限られます（民再一八九条三項）。

給与所得者等再生における再生計画の取消事由は、前記①〜③（民事再生法二四五条が一八九条の適用を除外していない）、④（民再二四二条）に加え、⑤再生計画認可決定の確定後、再生計画の計画弁済総額が、実際には、再生計画認可決定の時点で、可処分所得額の二年分を下回っていたことが判明した場合（民再二四二条、二四一条二項七号）です。

(3)　再生計画の取消決定が確定すると、再生計画に従って権利変更された再生債権は原状に復し（民再一八九条七項本文）、再生計画による減免や猶予の効果は消滅します。その結果、再生債権者は、元の債権額等で権利行使できるようになります。

(4) 東京地裁破産再生部における再生計画取消しの申立ての大半は、再生計画の履行を怠ったことによるものです（個再の手引二版四七四頁）。一度でも履行を怠れば、この要件に該当することになります。

再生手続は、再生債権者の権利について減免その他の変更をすることにより、再生債務者が変更後の弁済をしつつ、経済的再生を図るものですので、変更後の圧縮等された債務すら履行できない場合には、もはや再生債務者において再生債権の減免等の利益を享受する前提を欠くことになります（新注釈民再二版（下）一八七頁）。再生計画の不履行以外の取消事由の場合と同様、当該事由の重大性や再生計画全体の履行の程度等諸般の事情を考慮し、再生計画を取り消すことがかえって再生債権者の一般の利益に反すると認められるようなときは、裁判所が再生計画を取り消さない判断を行うこともあり得るといえますが、あくまで、再生債権者の利益という観点からのものであり、再生計画の履行を怠った点は重いといえます。

東京地裁破産再生部では、再生計画の取消しの申立てを受理すると、再生計画認可決定当時の再生債務者代理人に、再生計画の履行状況等についての報告書の提出を求めており、申立てに理由があると認めるときは、速やかに再生計画を取消す決定をしています。なお、再生計画の履行を怠ったことを理由とする申立ての場合、前記のとおり、再生計画によって認められた権利の全部（履行された部分を除く）について、裁判所が評価した額の一〇分の一以上に当たる権利を有する再生債権者であることが必要なところ（民再一八九条三項）、再生計画認可決定当時に基準債権総額の一〇分の一以上に当たる債権を有していた者は、取消しの申立て時点においても、前記再生債権者であると推認できますので、東京地裁破産再生部では、その旨の疎明を求めています（個再の手引二版四七六頁）。なお、再生計画の取消しの申立てのうち、取消しで終わったもののほかは、一定数、取下げで終わっています（個再の手引二版四七七頁）。

4　再生計画の変更

(1)　再生手続の終結後に再生債務者がリストラされるなどして収入が減少したような場合にも、再生債務者ができる限り再生計画を遂行できるよう、民事再生法は、再生計画で定められた債務の弁済期限を、二年を超えない範囲で延長することができる旨を定めています（民再二三四条、二四四条）。これが、再生計画の変更です。

再生計画の変更は、実質的には、新たな再生計画案を認可することと同じですから、変更計画案の付議、決議、認可等の各手続を経る必要があります（民再二三四条二項、二四四条）。

なお、個人再生手続の再生計画の変更は、通常の再生手続と異なり、再生計画の変更の申立てを再生計画で定められた債務の最終弁済期限（原則三年であり、例外的に最長五年）までに行うことが可能であり、変更の要件としては、やむを得ない事由によって「再生計画の遂行が著しく困難」であることが必要で、変更可能なのは弁済期限の延長に限られています。

(2) 再生計画の変更には、「やむを得ない事由で再生計画を遂行することが著しく困難となった」ことが必要です（民再二三四条一項、二四四条）。

「著しく困難となった」という要件を必要としているのは、個人再生手続においては、再生債務者は、生活を切り詰め、三年から五年にわたり弁済を行うことになるため、再生計画の遂行に多少の困難が伴うことは当初から想定されており、単に履行が困難になったというだけで再生計画の変更を認めることは相当ではないという理由からです（一問一答個再二五二頁）。単に一、二回程度の不履行があっただけでは、直ちに再生計画の遂行が「著しく」困難になったとはいえないですが、毎弁済期の返済額を低額に見直さなければ再生計画が継続的に不履行になる可能性が高い場合には、「著しく」困難であると認定できるときもあるといえます（新注釈民再二版（下）四九六頁）。

「やむを得ない事由」とは、再生計画案の作成時点では予想できなかったが、仮に予想できていれば、毎弁済期の弁済額をより低額にした再生計画案を作成したであろうといえるだけの事情をいいます。再生計画案の作成当初に想定していた収入が予想外に落ち込んだ場合が典型例であり、再生計画案の作成時以降に給与が引下げられた場合や、失業して再就職した先での収入が失業前の収入よりも低かった場合などが具体例として考えられます（一問一答個再二五二頁）。

(3)　個人再生手続の再生計画の変更で認められているのは、弁済期限の延長のみであり、債務の減免・増額は認められていません（民再二三四条一項、二四四条）。弁済額の減額変更は、実質的には、いったん確定した再生計画を作り直すものといえますので、再生債務者の財産・収入状況を改めて調査し直す必要があります。しかし、個人再生の事件規模を踏まえると、再生手続の終了後に大がかりな手続のやり直しを行うことは相当ではありません。他方で、弁済額の減額変更を認めない以上、再生手続の終結後に再生債務者の財産状況や収入が好転しても、弁済額の増額変更を認めるとするのは、均衡を失します。そこで、民事再生法は、個人再生手続における再生計画の変更については、債務の期限の延長だけを認め、弁済額の増額又は減額変更を認めないことにしました。（一問一答個再二五三頁）

また、再生計画の変更における債務の期限の延長期間は、最大でも二年間です（民再二三四条一項、二四四条）。個人再生手続において、長期間の延長が認められるとすれば、債権額に見合わない過度の債権管理のコストを債権者に負担させることになります。再生計画の原則的な弁済期間が三年（民再二二九条二項二号）であることを踏まえると、弁済期間が倍になることは、再生計画の遂行をやり直すことに等しく、相当ではありません。そこで、民事

再生法は、再生計画の変更の弁済期限の延長を、これより短い二年間に限ったものです。（二問一答個再二五四頁）

(4)　東京地裁破産再生部において、再生計画の変更の申立ては、それほど件数がありません。近時、東京地裁破産再生部で取り扱った再生計画の変更の申立ての事例は次のとおりです（その他の事例については、個再の手引二版四八〇頁以下を参照してください。）。

①　平成二四年一月に認可決定を受けた小規模個人再生事件であり、当初の認可された再生計画は、確定債権額約八〇五万円の約二〇％を三年間で分割弁済するというものでした。再生計画の認可決定確定後、再生債務者は、会社都合で退職し、再就職したものの、収入が半減したことから、平成二五年七月に再生計画の変更の申立てをしました。変更の内容は、弁済期間を三年間から五年間に延長した上、変更時点での残額を按分で延長された弁済期間中に均等分割弁済するというものです。裁判所は、個人再生委員の付議相当の意見を踏まえて付議し、可決、認可決定をしました。

②　平成二四年七月に認可決定を受けた小規模個人再生事件であり、当初の認可された再生計画は、確定債権額約六四〇万円の約二〇％を三年六か月で分割弁済し、住宅資金特別条項は民事再生法一九九条一項のいわゆる「そのまま型」というものでした。再生計画の認可決定確定後、再生債務者は、元妻や実母が病気となり、四人の子どもの養育のため退職を余

儀なくされたことを理由に、平成二七年六月に再生計画の変更の申立てをしました。変更の内容は、弁済期間を九か月延長したうえ、変更時点での残額を按分で延長された弁済期間中に均等弁済するというものです。裁判所は、個人再生委員の付議相当の意見を踏まえて付議し、可決、認可決定をしました。

5　ハードシップ免責

(1)　個人再生手続を利用する再生債務者は、再生計画に従った弁済をし続けなければなりませんが、当初は予期できなかった事態により再生計画の履行が困難になり、再生計画の変更も事実上不可能なときがあり得ます。この場合、再生債務者が履行不可能な残債務の免責を得るためには、別途、破産免責手続を取らなければなりません。しかし、再生債務者が再生計画に基づく弁済の大半を遂行してきた場合、常に破産手続を強いることは、誠実な債務者に酷ですし、債務者が個人再生手続を選択するインセンティブを失わせかねません。そこで、民事再生法は、一定の厳格な要件のもと、破産をしないで残債務の免責を得させるハードシップ免責の制度（民再二三五条、二四四条）を設けました。（二問一答個再二五六頁）

(2)　ハードシップ免責の要件は、次のとおりです。次の各要件を全て満たす必要があります。

ア　責めに帰することができない事由により再生計画を履行することが極めて困難となったこと（民再二三五条一項柱書）

民事再生法は、ハードシップ免責の要件の一つに、再生計画を履行することが「極めて困難」な状況にあること、つまり、これを認めなければ再生計画を取り消さざるを得ない状況にあることを求めています。また、そのような状況に至ったことについて、再生債務者に帰責性がないことも求めています。これらは、安易なハードシップ免責の申立てによるモラル・ハザードを防ぐためです。

東京地裁破産再生部で、この要件が認められた事例は、次のとおりです（詳細は、個再の手引二版四九一頁以下参照）。

①　親会社の意向で会社役員を退任し、その後は大学院の講師として収入を得ていたが、それもなくなり、ハードシップ免責の申立て時の収入は年金のみであった。心臓機能の障害もあり、弁済が困難になった。（六九歳、小規模個人再生）

②　再生債務者が末期がんにり患し、弁済原資の捻出ができないほどの多額の治療費がかかることになり、弁済が困難になった。（四六歳、小規模個人再生）

③　再生計画の変更を申し立てたところ、追突事故により、自営に用いていた自動車が損壊し、再生債務者自身も負傷して休業となった。事故後は収入が安定せず、保険会社からの

休業損害支給も少額で、弁済が困難となり、再生計画変更申立ても取り下げた。（五九歳、小規模個人再生）

④　レストランを経営していたが、売上げの低迷と消費税増税により閉店となった。再生債務者及びその配偶者も七〇歳を超え、就労も厳しいため、生活保護を受給するに至り、弁済が困難になった。（七二歳、小規模個人再生）

なお、東京地裁破産再生部で、この要件が認められなかった事例としては、①勤務先の建設会社の受注が減少し、月の収入が約三割減少したが、その後は収入が増加しており、収入の減少は一時的なものにすぎないと判断されたもの（三四歳、小規模個人再生）、②勤務先の吸収合併により配置換えをされて収入が半減したが、生活状況を改め、月々の支出を見直すことにより弁済できる見込みがあり、再生計画の履行が極めて困難になったとはいえないとされたもの（六二歳、給与所得者等再生）があります。

イ　再生計画で変更された後の基準債権等に対して四分の三以上の額の弁済があること（民再二三五条一項一号、二号）

ハードシップ免責は、再生債権者の同意や議決を経ずに認められるものであり、破産免責手続によらず残債務を免責するものですので、再生債権者の利益も考慮し、四分の三以上の額の弁済という厳格な基準が定められています。

ウ　免責の決定をすることが再生債権者の一般の利益に反するものでないこと（民再二三五条一項三号）

「再生債権者の一般の利益に反するものではない」とは、これまでの弁済総額が再生計画認可時の清算価値を下回らないことを意味します（清算価値保障原則）。ハードシップ免責の制度は、破産せずに免責を得させるものですから、再生債務者が破産した場合に再生債権者が得られたであろう金額を下回る弁済しかしていないのにハードシップ免責を認めることは、再生債権者の利益を不当に害することになるためです（一問一答個再二五七頁）。

例えば、総額四〇〇万円を弁済する計画を立てた再生債務者が、再生計画認可時に、総額二〇〇万円の配当可能な財産を持っていた場合には、弁済予定額の四分の三である三〇〇万円を支払った段階で要件を満たしますが、総額三五〇万円の配当可能な財産を持っていた場合には、清算価値相当額の三五〇万円を支払って初めてハードシップ免責の要件を満たすことになります。

エ　再生計画の変更をすることが極めて困難であること（民再二三五条一項四号）

再生計画の変更（民再二三四条、二四四条）をすることが可能なのであれば、ハードシップ免責ではなく、再生計画の変更を利用して再生計画を履行すべきであるためです。

(3)　裁判所は、ハードシップ免責の申立てがされると、届出再生債権者の意見を聴いた上で（民再二三五条二項、二四四条）、免責するかどうかの判断をします。

東京地裁破産再生部では、ハードシップ免責の申立てが年に一件あるかどうかであり、平成二三年一月から平成二九年六月までにされた六件の申立てについては、四件が免責許可、二件が取下げで終了しています。これまで取下げになったものとして、再生計画変更の申立てに切り替えた事案、予納金を納付できなかった事案、申立後に事情が変化して再生計画案どおりの返済が可能になった事案、債権者一人について四分の三以上の弁済要件を満たしていなかった事案がありました。（個再の手引二版四九六頁以下）

(4)　ハードシップ免責の決定が確定すると、再生債務者は、再生債権者に対する債務（民事再生法二二九条三項各号のいわゆる非減免債権、再生手続開始前の罰金等を除く）の全部について、その責任を免れます（民再二三五条六項）。この免責の法的性質は、破産免責（破二五三条一項本文）と文言が同じことなどから、破産免責と同様、自然債務化されるものと解されます。

ところで、再生計画に住宅資金特別条項が定められていた場合、住宅資金貸付債権についてもハードシップ免責の効果が及ぶと解されますが、住宅資金貸付債権者の担保権には影響を及ぼさないため（民再二三五条七項）、住宅資金貸付債権者は、自身の担保権を実行できます。例えば、被担保債権である住宅ローン債権の残額が一〇〇〇万円であり、担保目的物である不動産の価値が八〇〇万円であるという事例で、ハードシップ免責が認められた場合、住宅ローン債権者が担保権を実行したとすると、担保権不足額の二〇〇万円についてはハードシップ免責の効果が及びますが、担保権が把握する八〇〇万円についてはハードシップ免責の効果が及びません。住宅資金貸付条項が定められている場合には、ハードシップ免責を受けたとしても、担保権の実行により住宅を失う可能性があることを、再生債務者は認識しておく必要があります。

第一二章　再度の個人再生手続について

1　再度の個人再生手続の意義

(1)　再度の個人再生の申立て

再生計画認可決定確定後、再生計画の履行が困難となった場合、履行完了前に再度の個人再生の申立てをすることが実務上見受けられます。

すなわち、再生計画の履行が困難となった場合、再生債務者が執り得る手段として、再生計画の変更の申立て（民再二三四条、二四四条）のほか、ハードシップ免責の申立て（民再二三五条、二四四条）、自己破産の申立て（破一八条一項）が考えられます。従前の再生計画をできる限り活かすという意味では再生計画の変更があり得ますし、再生債務者の経済的な負担が少ないことに着目すればハードシップ免責が考えられます。しかし、再生計画の変更についでは、これが認められるのは、再生計画認可の決定があった後やむを得ない事由で再生計画を遂行することが著しく困難となったときという要件を満たす場合であり、変更できる内容も、弁済期間を従前の再生計画における弁済期間から二年を超えない範囲で伸長することに限定されています。また、ハードシップ免責については、再生債務者がその責めに帰することができない事由により再生計画を遂行することが極めて困難となり、かつ、再生計画による弁済額の四分の三以上の額の弁済を終え、債権者の一般の利益に反せず、再生計画の変更が極めて困難なことが要件とされています。このように再生計画の変更又はハードシップ免責が認められるには、いずれも厳しい要件を満たす必要があるため、これらの要件を満たすことができず、自己破産を回避したい場合には、再度の個人再生の申立てを考えることになります（個再の手引二版Q116参照）。

そして、このような再度の個人再生の申立てをすることが許されるか否かがそもそも問題となりますが、民事再生法は、再度の個人再生の申立てを禁じていないものと解されます（個再の手引二版Q116、118参照）。同法一九〇条は、再生計画の履行完了前に再生債務者について破産手続開始決定又は新たな再生手続開始決定がされた場合の取扱いとして、①再生債権が原状に復すること（同条一項本文）や、②再度の再生手続における調整（同条六項ないし九項）等を規定しており、再生計画履行完了前の再度の再生申立てが可能であることを前提としているのは明らかですし、同条は個人再生手続において適用除外とされていません。個人再生手続においては、再生計画認可決定が確定すると再生手続は終結することから（民再二三三条、二四四条）、再生手続中の新たな再生手続開始の申立てを禁止する民事再生法三九条一項の規制も及びません。したがって、再生計画認可決定確定後、再生計画の履行完了前に再度の個人再生の申立てをすることは許容されているものと解されます。

(2)　再度の個人再生手続の概要

再度の個人再生手続においては、先行した個人再生手続（先行手続）における再生債権者と再度の個人再生手続（後行手続）における再生債権者との公平を図るため、先行手続の再生計画によって変更された再生債権は原状に復するものとされています（民再一九〇条一項）。先行手続における再生債権が「原状に復する」とは、再生計画による権利変更の効力を遡及的に消滅させ、変更された権利が変更前の状態に戻ることを意味し（条解民再三版九九七頁）、住宅資金特別条項により権利変更された住宅資金貸付債権についても原状に復することとなります（個再の手引二版Q118参照）。そして、再生債権者が、先行手続において再生計画に基づき弁済を受けていた場合であっても、その弁済を受ける前の債権の全部をもって後行手続に参加することができるものとされています（民再一九〇条六項）。他方で、先行手続において再生計画に基づき弁済を受けていた再生債権者は、後行手続において、先行手続の再生計画に基づき弁済を受けた債権の部分について議決権を行使することができないものとされる（民再一九〇条八項）ほか、後行手続の再生計画において、他の再生債権者が自己の受けた弁済と同一の割合の弁済を受けるまでは、弁済を受けることができないものとされています（民再一九〇条七項）。また、先行手続における共益債権は、後行手続においても共益債権とみなされます（民再一九〇条九項）。

以上のとおり、再度の個人再生手続に関する主要な定めとしては、①再生債権が原状に復すること（民再一九〇条一項本文）、②再度の個人再生手続における調整（同条六項ないし九項）があり、これらの規定は、債権届出のあり方や、再生計画案における権利変更の一般的基準等に影響を与えるものとなっています。そこで、以下では、再度の個人再生手続における留意事項について、通常の個人再生手続と異なる点を中心にして、手続の流れに沿って説明します。

2　再度の個人再生手続の申立てから再生手続開始決定までの留意点

(1)　再度の個人再生手続であることの明示

再度の個人再生手続が申し立てられる例は多くなく、かつ、手続の各場面で通常の個人再生手続とは異なる配慮や検討が求められます。そこで、再生債務者は、申立てに当たり、再生計画（住宅資金特別条項を含む。）の履行完了前の新たな個人再生手続の申立てである旨を申立書に明示し、裁判所に対して注意喚起することが求められます。また、先行手続における再生計画が住宅資金特別条項を定めた再生計画であり、一般再生債権については再生計画の履行を完了し、住宅資金貸付債権に対する再生計画の履行のみが未了である場合についても、民事再生法一九〇条の適用を受ける再度の個人再生手続となる点に注意が必要です（個再の手引二版Q118参照）。

(2)　債権者一覧表の記載

ア　記載すべき再生債権者

再度の個人再生手続においては、先行手続の再生計画によって変更された再生債権は原状に復し（民再一九〇条一項）、かつ、先行手続の再生債権者は、先行手続の再生計画に基づく弁済を受ける前の再生債権額で再生手続に参加できることから（民再一九〇条六項）、申立書に添付する債権者一覧表には、先行手続後に発生した新たな再生債権者だけでなく、先行手続の再生債権者も記載する必要があります。住宅資金特別条項に定めた住宅資金貸付債権に対する再生計画の履行のみが未了である場合における一般の再生債権者についても、仮にその者について先行手続の再生計画の履行が完了していても、民事再生法一九〇条一項によって再生債権が原状に復することになりますから、債権者一覧表に記載する必要があります（個再の手引二版Q118参照）。

先行手続の再生債権者については、備考欄にその旨及び先行手続の事件番号を記載し、新たな債権者との区別を明確にします。

イ　記載すべき再生債権額

再生債務者は、申立てに先立って、必ず先行手続の記録を確認した上で、先行手続の再生計画による権利変更前の再生債権額を債権者一覧表に正確に記載する必要があります。みなし届出制度（民再二二五条、二四四条）との関係で、債権者一覧表への正確な記載が求められることに留意すべきです。

先行手続の「再生計画により弁済を受けた場合」であっても、後行手続において「その弁済を受ける前」の債権の全部をもって手続に参加することができるとする民事再生法一九〇条六項の規定ぶりに照らせば、先行手続の再生計画に基づいて弁済された債権部分については、後行手続において権利行使することができる一方で、再生計画認可後に別除権の行使により弁済に充当された部分（抵当不動産の任意売却により弁済された部分についても同様といえます。）については、後行手続において権利行使できないものと考えられます（個再の手引二版Q118参照）。したがって、個々の事例ごとに後行手続において行使可能な債権部分の範囲が問題となり得ますが、東京地裁破産再生部では、全件につき経験豊富な弁護士を個人再生委員に選任していることから、後行手続において、どの範囲の再生債権を行使できるものと取り扱うかにつき疑問が生じるような場合には、再生債務者に対し、個人再生委員とよく協議をするよう求めています。

また、先行手続の再生計画認可後に債権譲渡がされた場合には、債権譲受人を後行手続における債権者とした上で、債権譲渡の前後を通じ、再生計画により弁済された額の合計額を権利行使できる債権額として記載します。

ウ　先行手続に関する記載

先行手続における再生債権者が先行手続の再生計画に基づき弁済を受けた金額は、後行手続の再生計画に基づく弁済方法の定めや後行手続の再生計画案の決議における議決権額に影響を与えるので（民再一九〇条七項、八項）、東京地裁破産再生部では、再生債務者に対し、再生債権者一覧表の備考欄に、先行手続における弁済額の記載を求める運用を行っています。再生債権者は、裁判所からの通知により債権者一覧表の記載内容を確認し（民再二二二条四項、二四四条）、その記載に誤りがある場合には、債権届出書にその旨記載して届出を行うことにより、再生債務者に対して事実関係の訂正を求めることが可能となります。

エ　前記アないしウを踏まえた債権者一覧表の記載例については、**別表1**のとおりですので、ご参照ください。

(3)　計画弁済予定額の算定

東京地裁破産再生部では、再生債務者に対し、再生計画の履行可能性の判断（いわゆる履行テスト）を行うため、計画弁済予定額を分割予納金として毎月個人再生委員に納付することを求めており、再生債務者は、申立書に計画弁済予定額を記載する必要があります（個再の手引二版Q17参照）。

後記のとおり、再度の個人再生手続における再生計画案の作成に当たっては、計画弁済総額の算定や弁済方法の定めについて、通常の個人再生手続と異なる取扱いが必要ですので、申立てに当たっては、再生計画案の内容を予め検討した上で、適切な計画弁済予定額を算定する必要があります。

3　再生手続開始決定後の留意点

(1)　再生手続開始決定通知等

裁判所は、通常の個人再生手続では、知れたる債権者に対して、再生手続開始決定通知、債権者一覧表、再生債権届出書等を送付します。

東京地裁破産再生部では、再度の個人再生手続の場合には、前記各書面に加えて、再度の個人再生手続である旨や、先行手続の再生債権が原状に復し、先行手続の再生計画により権利変更される前の債権額をもって手続に参加することができる旨などを記載した書面（その具体的な内容は別紙1のとおりです。）も送付することにより、先行手続の再生債権者に対して適切な再生手続参加の機会を与える運用をしています。

(2)　報告書

再生債務者は、再生手続開始後遅滞なく、報告書（民再一二五条一項）を提出しますが、その報告書には、再生手続開始に至った事情（同項一号）及びその他再生手続に関し必要な事項（同項四号）として、先行手続の再生計画認可後の経過や先行手続の再生計画の内容、その再生計画の履行状況などを記載します。

(3)　債権認否

債権認否一覧表には、先行手続の再生債権者と後行手続の再生債権者をそれぞれ記載しますが、東京地裁破産再生部では、先行手続の債権者については、別表2のとおり、備考欄にその旨を明記するとともに、先行手続の事件番号、先行手続の再生計画に基づき弁済を受けた金額の記載を求める運用です。

先行手続の再生債権者より先行手続開始決定後の遅延損害金の債権届出があった場合にこれが認められるか否かについては争いがありますが、東京地裁破産再生部では、これを許容する運用をしています（破産事件における取扱いについて、破産管財の手引二版四〇八頁、東京地判平成二〇・一〇・二一判タ一二九六号三〇二頁参照）。しかし、先行手続から相当期間経過した後に後行手続が申し立てられた場合等においては、遅延損害金額が過大となり、遅延損害金の届出をしていない先行手続の再生債権者や後行手続のみの再生債権者との平等を確保するために、再生債務者としては、当該債権届出をした再生債権者に対し当該遅延損害金に係る債権届出の取下げを促したり、異議を述べた上で和解をしたりする等、事案に応じた対応を執ることも考えられます（個再の手引二版Q118参照）。

4 再生計画案の作成に当たっての留意点

再度の個人再生手続における再生計画案の作成に当たっては、次のような点に留意する必要があります。

(1) 基準債権額について

再度の個人再生手続においては、先行手続における再生債権について、先行手続における再生計画による権利変更前の原状に復し、先行手続の再生計画により弁済を受けた場合であっても、その弁済を受ける前の債権の全部が再生債権となるので、当該金額をもって、基準債権額（民再二三一条二項三号、四号、二四一条二項五号）の計算を行うこと（基準債権額の計算については、個再の手引二版Q69のほか、**第六章**を参照）になります。

(2)　計画弁済総額の算出について

再生計画における計画弁済総額は、再度の個人再生手続においても、民事再生法二三一条二項三号、四号、二四一条二項五号の最低弁済額要件を満たすだけでなく、再生債務者が破産した場合の予想配当額以上である必要があります（清算価値保障原則については、個再の手引二版Q50、Q70のほか、第四章を参照）。また、給与所得者等再生においては、上記に加えて、計画弁済総額が可処分所得の二年分以上である必要があります（民再二四一条二項七号）。

(3)　弁済率（免除率）について

再生債権の権利変更の一般的基準における弁済率（免除率）を算出することは、再度の個人再生手続の再生計画案の作成に当たって、難しい作業の一つです。

先行手続で再生計画による弁済を受けた再生債権者（以下「旧債権者」といいます。）と、そうでない再生債権者（先行手続の開始後の原因に基づいて生じた請求権を取得した債権者等が考えられますが、以下「新債権者」といいます。）がいる場合、前記(2)のとおり算出した計画弁済総額は、旧債権者を弁済において劣後させる民事再生法一九〇条七項の規定があるため、新債権者への弁済に、より多く充てられることになります（条解民再三版一〇〇〇頁参照）。

以下では、先行手続においては、旧債権者A（確定債権額一五〇万円）、旧債権者B（確定債権額一〇〇万円）及び旧債権者C（確定債権額二五〇万円）の各再生債権につき権利変更を受けて弁済する再生計画の認可を受けたが、Aにつき三〇万円（弁済率二〇％）、Bにつき一八万円（弁済率一八％）、Cにつき四〇万円（弁済率一六％）の弁済を終えた時点で再度の個人再生手続が開始された後、後行手続においては、A、B及びCの各再生債権額は先行手続の確定債権額と同額と確定されたほか、先行手続の再生計画認可後に債権を取得した新債権者Dの再生債権額が五〇〇万円と確定されたという事例を想定し（なお、先行手続開始後利息等の問題は捨象する。）、後行手続の計画弁済総額が二〇〇万円であることを前提に、**別表3**を用いながら、後行手続の弁済率（免除率）について説明します（後行手続の弁済率（免除率）の算出については、個再の手引二版Q118にも具体例を用いた説明があるので、併せて参照してください。）。

前記のとおり、後行手続の計画弁済総額は、新債権者への弁済に多く充てられますので、新債権者を基準に弁済率をみると、計画弁済総額（二〇〇万円）÷基準債権額（一〇〇〇万円＝一五〇万円＋一〇〇万円＋二五〇万円＋五〇〇万円）という計算式で算出される弁済率（二〇％）よりも高い弁済率（低い免除率）を定めなければならないことになります。一方で、旧債権者については、新債権者と同じ弁済率（免除率）による権利変更を受けるものの、民事再生法一九〇条七項の規定により、先行手続で弁済を受けた部分について弁済を受けない旨を定めることになります。

そして、新債権者に対する弁済率については、別表3を例にとると、①第一段階として、計画弁済総額二〇〇万円を、先行手続で弁済を受けていない新債権者Dに対し、先行手続において弁済を受けた割合（以下「前件弁済率」といいます。）が最も低い旧債権者Cと同率（一六％）になるまで弁済し（弁済額八〇万円＝新債権者Dの債権額五〇〇万円×〇・一六）、②第二段階として、旧債権者C、新債権者Dに対し、前件弁済率が二番目に低い旧債権者Bと同率（一八％、第一段階の弁済率との差は二％）になるまで弁済し（弁済額一五万円＝旧債権者Cと新債権者Dの債権合計額七五〇万円×〇・〇二）、③第三段階として、旧債権者B、C、新債権者Dに対し、前件弁済率が三番目に低い旧債権者Aと同率（二〇％、第二段階の弁済率との差は二％）になるまで弁済し（弁済額一七万円＝旧債権者B、Cと新債権者Dの債権合計額八五〇万円×〇・〇二）、④第四段階として、全債権者に対し、計画弁済総額の残額八八万円を按分弁済する（弁済率は八・八％（＝残額八八万円÷全債権額一〇〇〇万円）である。）、というように段階的な計算をして算出することになります。これは、再生計画の履行完了前に破産手続開始に至った場合における配当調整（破産管財の手引二版四〇六頁以下参照）と同様の計算方法となります。このような段階的な計算方法によると、新債権者に対する弁済率は、別表3のとおり、二八・八％（＝一六％＋二％＋二％＋八・八％）となります。

また、より簡易な計算方法として、先行手続における弁済額に後行手続の計画弁済総額を加算した額を、後行手続の基準債権額で除して、暫定弁済率を算出する方法があります。この簡易な計算方法により前記の事例につき計算すると、暫定弁済率は二八・八％（二八八万円（先行手続における弁済額八八万円＋後行手続の計画弁済総額二〇〇万円）÷後行手続の基準債権額一〇〇〇万円＝二八・八％）となり、前記のとおり別表3で算出した弁済率（二八・八％）と一致します。暫定弁済率を上回る弁済を受けた旧債権者がいない事例では、このような簡易な計算方法により新債権者に対する弁済率を算出することも可能です（簡易な計算方法に関する詳しい説明については、舘内比佐志・永谷典雄・堀田次郎・上拂大作編『民事再生の運用指針』（きんざい）三九七頁を参照）。

以上のとおり、弁済率（免除率）の算定においては、先行手続における弁済額の適切な把握や複雑な計算を要します。この点に誤りがあると、再生計画案について最低弁済額要件や清算価値保障原則に違反するなどの不認可事由を生じさせてしまう場合もあり得ますので、東京地裁破産再生部では、再生債務者に対し、個人再生委員と十分に協議をするよう求めています。

(4) 弁済方法について

再度の個人再生手続においては、先行手続において再生計画による弁済を受けた再生債権者は、他の再生債権者が自己の受けた弁済と同一の割合の弁済を受けるまでは、弁済を受けることができないこととされています（民再一九〇条七項）。

個人再生手続における再生計画では、少額の再生債権の弁済時期について別段の定めをすることができます（民再二二九条一項、二四四条）が、後行手続でこのような定めを設ける場合には民事再生法一九〇条七項に反しないよう注意する必要があります（別紙2の記載例の第2の2は、このような定めを設けた例となります。）。

(5)　再生計画案本文・返済計画表について

再度の再生手続の再生計画案の本文では、再度の再生手続であることに言及し、先行手続を事件番号等で特定した上で、前記(1)から(4)までに記載した留意点を踏まえて、弁済率及び弁済方法を定めます。弁済方法の具体的な記載例については、**別紙2**のとおりです。また、再生計画による返済計画表（案）には、先行手続の再生債権者と後行手続の再生債権者を併記し、本文で定めた弁済方法の内容を適切に反映させる必要があります。しかし、実際の返済計画表の作成には、複雑な計算を要するので、東京地裁破産再生部では、再生債務者に対し、個人再生委員と十分に協議をして返済計画表を作成するよう求めています。

5　まとめ

再度の個人再生手続が申し立てられる例は必ずしも多くなく、再生債務者代理人がこのような事例に不慣れなことも多いため、裁判所としては十分な注意を要します。例えば、再生債務者やその代理人が再度の個人再生手続であることの認識を有しないまま申立てに至っていることも十分あり得ますので、裁判所としては、過去に再生債務者が個人再生手続の申立てを行ったことがあるか否かを確認する必要があります。特に、先行手続において住宅資金特別条項を定めた再生計画が認可されており、住宅ローン債権以外の再生債権の弁済が完了している場合には、再度の個人再生手続であることが見落とされがちですので、注意が必要です。

また、再度の個人再生手続が申し立てられた場合には、先行手続の再生計画に基づく再生債権に対する弁済額が債権者一覧表に記載されているか否かを確認し、再生債務者に対し、必要に応じて記載の追加・修正などを促すほか、再生債務者が定めた計画弁済予定額についても、早めに検証して不備等があれば必要な対応を促す必要があります。とりわけ再度の個人再生手続ではできる限り早期に再生計画案に関する検討を終えていることが望ましいので、東京地裁破産再生部においては、再生債務者に対し、財産目録等の資料を速やかに提出して、それを踏まえて清算価値を算出し、個人再生委員と十分に協議しながら早めに計画弁済予定額を算出するよう求めています。

（別表１）　債権者一覧表の記載例

<table>
<tr><td rowspan="2">債権者番号</td><td>債権者名</td><td>債権者住所</td><td rowspan="2">備　考</td><td rowspan="2">異議留保</td></tr>
<tr><td>債権の種類</td><td>債権の金額</td></tr>
<tr><td rowspan="2">1</td><td>A株式会社</td><td>東京都千代田区……</td><td rowspan="2">債権額は前回の個人再生（令和○○年（再イ）第○○号）の確定債権額。同事件の再生計画による弁済額72,000円</td><td rowspan="2">○</td></tr>
<tr><td>■貸付金
□立替金
□</td><td>金360,000円</td></tr>
<tr><td rowspan="2">2</td><td>B債権回収株式会社</td><td>東京都中央区……</td><td rowspan="2">令和○○年○○月○○日債権譲渡
【原債権者】
東京都港区……
C銀行
債権額は前回の個人再生（令和○○年（再イ）第○○号）の確定債権額から別除権受戻金6,000,000円を差し引いた残額。同事件の再生計画による弁済額1,975,308円</td><td rowspan="2">○</td></tr>
<tr><td>■貸付金
□立替金
□</td><td>金9,876,543円</td></tr>
</table>

（別表２）　債権認否一覧表の記載例

<table>
<tr><td rowspan="2">債権者番号</td><td colspan="3">届出債権</td><td colspan="2">認否の種類</td><td rowspan="2">備　考
（異議の理由等）</td></tr>
<tr><td>債権者</td><td>種類</td><td>債権額</td><td>認める額</td><td>認めない額</td></tr>
<tr><td rowspan="3">1</td><td rowspan="3">A株式会社</td><td rowspan="3">貸付金</td><td rowspan="3">360,000円</td><td rowspan="3">360,000円</td><td rowspan="3">0円</td><td>債権届出書の提出</td></tr>
<tr><td>■あり　□なし</td></tr>
<tr><td>令和○○年（再イ）第○○号の再生計画による弁済額72,000円</td></tr>
</table>

（別表３）　新債権者に対する弁済率

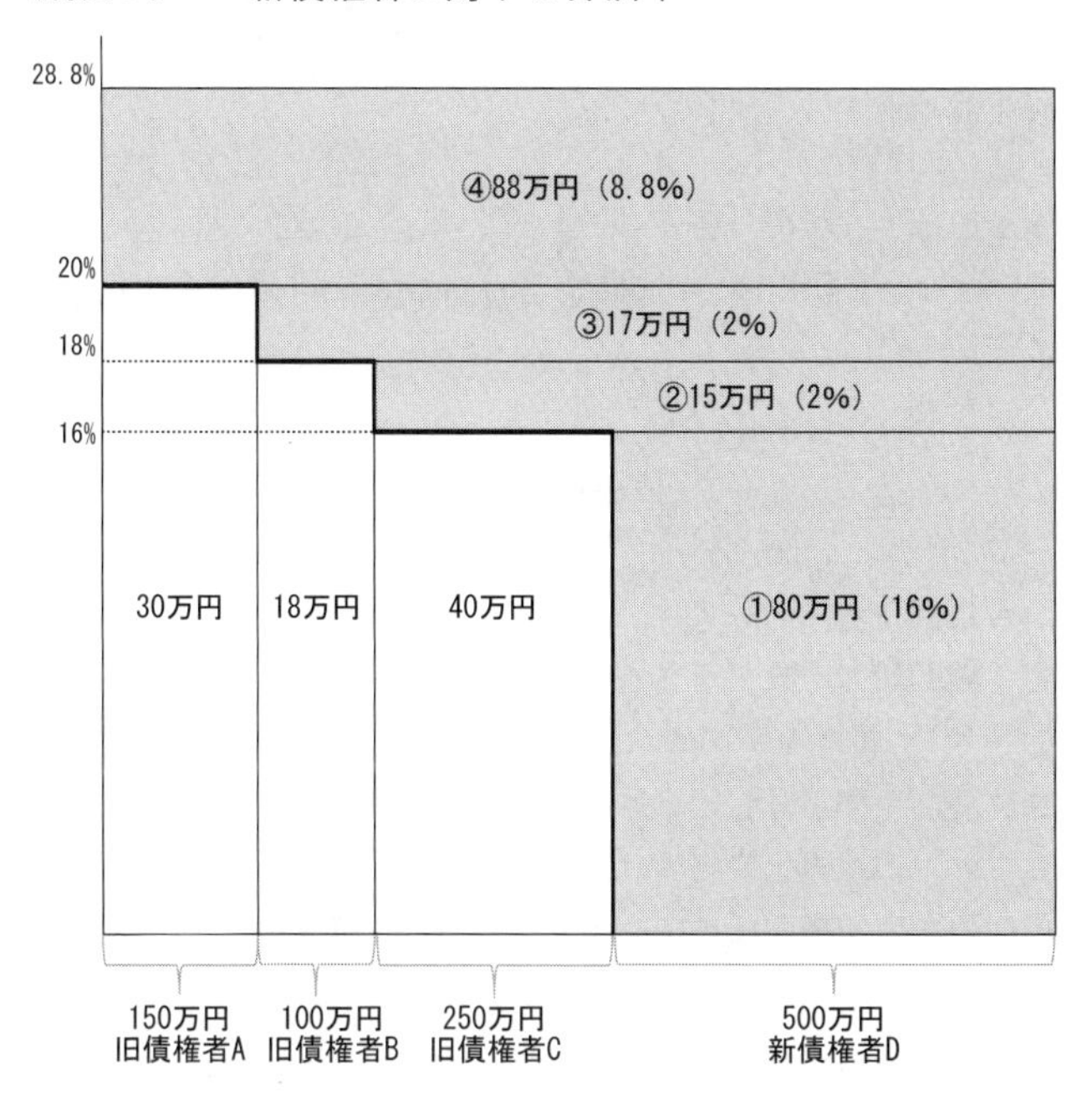

（別紙１）　再生債権者に送付する書面の具体例

令和○○年（再イ）第○○号　小規模個人再生手続開始申立事件
再生債務者　○○　○○

令和○○年○○月○○日

再生債権者　各位

東京地方裁判所民事第20部個人再生係
裁判所書記官　○○　○○

再生債権届出の注意事項

再生債務者については，令和○○年○○月○○日，当庁に再生手続開始の申立てがされ（事件番号：令和○○年（再イ）第○○号），同再生手続は，同年○○月○○日に再生計画が認可され，同年○○月○○日に認可決定が確定したことにより終結しましたが，再生債務者は，令和○○年○○月○○日，当庁に再度の再生手続開始の申立てをし，本日，新たな再生手続開始の決定がされました。

民事再生法190条1項によれば，新たな再生手続開始の決定がされたときは，前件の再生計画によって変更された再生債権は原状に復するものとされ，同条6項によれば，その再生債権について前件の再生計画により弁済を受けた場合であっても，その弁済を受ける前の債権の全部をもって新たな再生手続に参加することができるとされています。

そこで，前件の再生手続の中で，再生債権者として扱われた方につきましては，現在の債権残額ではなく，前件の再生計画により弁済を受ける前の債権額を再生債権として届け出てください（ただし，別除権の実行による弁済額は，再生計画による弁済額に当たらないので，控除してください。)。また，今回同封しました債権者一覧表には，再生債務者側で把握している，前件の再生計画により弁済された金額が記載されています。仮に，再生計画により弁済された金額に誤りがある場合は，債権届出書の「その他の記載」欄に弁済金額を記載してご提出ください。

なお，前件の再生手続開始後に発生した再生債権がある場合は，前件で届出をした再生債権と，その後に発生した再生債権とを区別して記載してください。

以　上

（別紙２）　再生債権に対する弁済方法の記載例

第２　再生債権に対する弁済方法

再生債務者は，各再生債権者に対し，第１の権利の変更後の再生債権について，以下のとおり弁済する。

1　再生計画認可決定の確定した日の属する月の翌月から，３年０か月間は，毎月末日限り，36分の１の割合による金員（１円未満の端数は切り捨て，最終回で調整する。）（合計36回）を支払う。ただし，東京地方裁判所令和○○年（再イ）第○○号小規模個人再生事件（以下「旧再生手続」という。）の再生計画に基づいて弁済を受けた再生債権者の有する再生債権については，他の再生債権者の有する再生債権に対する弁済が旧再生手続において受けた弁済と同一の割合に達するまでは，弁済を行わない。

2　権利の変更後の再生債権の額が○万円未満の場合は，再生計画認可決定の確定した日の属する月の翌月末日限り全額を支払う。ただし，旧再生手続において弁済を受けた再生債権者の有する再生債権については，他の再生債権者に対する弁済が旧再生手続において受けた弁済と同一の割合に達した月の翌月末日限り，上記１ただし書に基づき，旧再生手続において受けた弁済額を控除した残額を一括して支払う。

判　例　索　引

最高裁判所

東京地方裁判所

大阪地方裁判所

事 項 索 引

例題解説　**個人再生手続**　　書籍番号・310073

令和元年6月30日　第1版第1刷発行

編　集　一般財団法人　法　曹　会

発行人　門　田　友　昌

発行所　一般財団法人　法　曹　会

〒100-0013　東京都千代田区霞が関1-1-1

振替　00120-0-15670・電話03-3581-2146

http://www.hosokai.or.jp/

落丁・乱丁はお取替えいたします。　　印刷製本／(株) ディグ

ISBN 978-4-86684-022-2